# 敏捷领导力

## 团队成长工具箱

[荷] 彼得·柯宁格 著

王凌宇 译

清华大学出版社
北 京

## 内容简介

本书针对敏捷领导力框架，阐述了如何运用工具箱思维来帮助团队提升四大技能和取得持续的成长。通过无人机等项目案例，书中描述了如何组合使用关键价值指标、影响阶梯、所有权模型、自由矩阵、学习时间、验证学习栏、习惯矩阵和 TO GRIP 这八个工具来达到理想的效果。

本书适合中层管理人员阅读，是帮助团队获得持续动力和效能的理想参考。

北京市版权局著作权合同登记号 图字：01-2020-3846

Authorized translation from the English language edition, entitled AGILE LEADERSHIP TOOLKIT: LEARNING TO THRIVE WITH SELF-MANAGING TEAMS, 1st Edition by KONING, PETER, published by Pearson Education, Inc, publishing as Addison-Wesley Professional, Copyright 2020 Pearson Education, Inc.

All rights reserved. No part of this book may be reproduced or transmitted in any form or by any means, electronic or mechanical, including photocopying, recording or by any information storage retrieval system, without permission from Pearson Education, Inc.

CHINESE SIMPLIFIED language edition published by TSINGHUA UNIVERSITY PRESS LIMITED, Copyright 2021.

本书简体中文版由 Pearson Education 授予清华大学出版社在中国大陆地区（不包括香港、澳门特别行政区以及台湾地区）出版与发行。未经许可之出口，视为违反著作权法，将受法律之制裁。
本书封底贴有 Pearson Education 防伪标签，无标签者不得销售。
版权所有，侵权必究。举报：010-62782989，beiqinquan@tup.tsinghua.edu.cn。

图书在版编目(CIP)数据

敏捷领导力：团队成长工具箱 /（荷）彼得·柯宁格（Peter Koning）著；王凌宇译. -- 北京：清华大学出版社，2021.8
　书名原文：Agile Leadership Toolkit: Learning to Thrive with Self-Managing Teams
　ISBN 978-7-302-57202-2

Ⅰ. ①敏… Ⅱ. ①彼… ②王… Ⅲ. ①领导能力 Ⅳ. ① C933

中国版本图书馆 CIP 数据核字（2020）第 260206 号

责任编辑：文开琪
封面设计：李　坤
责任校对：周剑云
责任印制：丛怀宇

出版发行：清华大学出版社
　　网　　址：http://www.tup.com.cn, http://www.wqbook.com
　　地　　址：北京清华大学学研大厦 A 座　　邮　　编：100084
　　社 总 机：010-62770175　　邮　　购：010-62786544
　　投稿与读者服务：010-62776969, c-service@tup.tsinghua.edu.cn
　　质量反馈：010-62772015, zhiliang@tup.tsinghua.edu.cn
印 装 者：天津鑫丰华印务有限公司
经　　销：全国新华书店
开　　本：178mm×230mm　　印　张：12.75　　字　数：275 千字
版　　次：2021 年 8 月第 1 版　　印　次：2021 年 8 月第 1 次印刷
定　　价：59.80 元

产品编号：087369-01

# 推荐序

我们生活在一个不确定的时代,大规模生产到数字/软件时代的转变创造了这个时代。在过去,传统管理和领导实践之所以能够发展,是因为它们给管理工作、建立流程和要做的工作事项提供了行之有效的智慧。工人是齿轮,是与工具和资本等其他资产一起用来完成工作的资源。管理人员是王,负责指挥和领导。但是,这一切都在改变。我们正在走向一个新世界,在这个世界里,必须让团队有权对自己所处的环境做出响应。泰勒主义正在被新事物所取代,敏捷领导力即是未来。但是,作为敏捷领导者,应该怎么做呢?

有很多关于敏捷领导力的书,它们描述了服务型领导力的变化、组织的角色甚至包括我们期望的这些新型领导者的行为。但是,这些书没有提供必要的工具来帮助我们掌握敏捷领导力。本书中,彼得提供了一个敏捷领导力工具箱。他这一系列工具可以用来提出正确的问题、提供焦点、提高透明度并允许调整使用,可以给敏捷领导力的发展奠定基础。但这并不意味着使用这些工具就会变得"敏捷"。为敏捷的蓬勃发展构建一个合适的环境很难,但无疑也是一个很好的起点。

要想在数字时代蓬勃发展,不仅需要采用新的技术、团队实践或者流程,而且还需要有环境能来融合这些"事物",这需要一步一步地进行改变。领导力需要改变,本书描述的框架不仅提供了实用工具,还使领导能够专注于做正确的事情。赋能、花时间学习、养成正确的习惯以及设定正确的目标,这是实现敏捷性的四大基本要素。

戴夫·韦斯特（Dave West）是 Scrum.org 的首席执行官兼产品负责人。他经常在主要行业会议上做主旨演讲，发表了大量文章和研究报告。他领导了 IBM / Rational 的 Rational Unified Process（RUP）的开发。在 IBM / Rational 之后，他回到咨询公司并管理北美的 Ivar Jacobson Consulting。接下来，他在 Forrester 担任副总裁兼研究总监，负责软件开发和交付实践。加入 Scrum.org 之前，他是 Tasktop 的首席产品官，负责产品管理、工程和架构。

# 译者序

VUCA 一词是 Volatility（易变性）、Uncertainty（不确定性）、Complexity（错综复杂性）、Ambiguity（模糊性）的缩写，这几个词精准概述了当今时代的特征。在 VUCA 时代，不再有能够一直如日中天的行业，不再有能够一直保持高速发展的企业，不再有能够一直占据市场前列的品牌产品，也不再有能够一直稳定的职位。一切都在无时无刻的变化中，永恒的变化是 VUCA 时代的常态。

VUCA 时代诡谲多变，处于其中的我们应该怎样应对？在企业中，敏捷方法和敏捷团队越来越受到组织的欢迎。但是，传统的管理者怎样由管理团队转为领导团队？怎样把团队打造成卓越的高绩效团队？这些是管理者和企业 / 组织十分关注的问题。

书上的理论方法层出不穷，令人目不暇给。其中，"领导力"属于大家比较认可的一个答案。但是，纵观讨论"领导力"的书籍，理论描述煌煌者居多，可以拿来落地实操的较少，至于能够提供系统化框架工具的更是凤毛麟角。可喜的是，摆在各位读者面前的这本书，就是一本能够指导传统管理者怎样培养敏捷领导力，并通过实践转变成敏捷领导者的实操工具书。

本书聚焦于一个概念"敏捷领导力"。作者认为，敏捷领导力是传统管理者转变成敏捷领导者的必备技能。本书的作者近二十年一直从事组织中的团队敏捷转型和管理者领导力的咨询培训服务。本书所阐述的一个框架、四个技能和八个工具，是作者多年来在一线实战工作的经验总结，是经过实践检验过的工具方法。

"你有什么证据证明团队正在做的事情是正确的？哪些指标能够表明团队工作得更敏捷、更成功？""作为团队管理者，何时需要干预团队？何时需要放手？"管理者与团队的互动怎样更加水乳交融？"这些接地气的问题，你都会在本书中找到经过验证的解决方案。诸如团队动力不足，团队缺乏聚焦，团队的产出质量低下，缺乏客户关注，人员持续离职，这些令管理者头疼的问题，都可以采用本书阐述的框架和工具进行有效应对。

从实践中来，再到实践中去，这本书本身就是符合敏捷原则的。敏捷思想方法作为 VUCA 时代的创新加速器，起源于软件工程领域，正在延展到其他多个专业领域。本书阐述的敏捷领导力无疑是敏捷方法在管理领域的一项重要创新，值得每个团队管理者和企业管理者来关注和了解。虽然可能还存在一些不足，但是，"雄关漫道真如铁，而今迈步从头越"，凡事有了开端，就不怕没有进展。

本书无疑是能够落地实操的敏捷领导力的一个良好的开端。对于各层管理者，本书不可多得，值得研读和实践。

# 前言

> 领导者就像农夫,他种植农作物时不会拔苗助长,而是为农作物的生长和繁衍创造完美的环境。

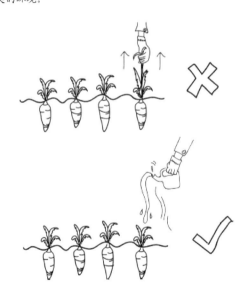

## 开篇故事

如何为自管理团队创造一个欣欣向荣的环境?如何帮助团队拥有真正的所有权?如何创建足够的体系结构来防止混乱同时又避免陷入微观式管理的陷阱?作为领导者,你可以信任团队,让他们自主吗?如此这般的问题在过去十年是人们向我问的最多的。

以 David 为例，他是负责几个软件开发团队的经理。我花了几个月的时间来指导 David，然后我们一起发现了这些敏捷领导力工具。在其他公司和不同场景下测试之后，我反复看到这些工具确实为自管理团队构建了一个欣欣向荣的环境。

让我们回顾几年前 David 的境地。他当时管理这些团队才三个多月，正在考虑下一步应该怎么做。在他担任新职务的最初几个星期，一切都很棒，部门充满了活力和激情。大多数团队成员对新的工作方式很感兴趣，并因为能以敏捷的方式开展工作而感到高兴。为了击败竞争对手并再次成为市场领导者，他们需要变成一家更加敏捷的公司。他们需要加速并且更快改进产品。最近，他们被竞争对手所超越，这些竞争对手通过快速响应新机遇而迅速获得了市场份额。他们需要改变方向来重新获得市场领导地位。

出任经理，David 毫不怀疑自己的选择。他有激情实施新的管理方法，他真的想创造一个更好的环境能让团队茁壮成长、改进、创新和繁荣，能信任、激励和关注客户。但是，他不清楚一些重要问题的答案。我们前往他的公司拜访他，我可以看出他充满激情并对自己的团队感到自豪，但他同时也对下一步的举措感到怀疑和挣扎。在我们开会的前一天晚上，当他清醒的时候，他写下了困扰他的事情，其中最重要的疑问如下。

1. 以客户为中心而不是以内部组织为中心的正确目标是什么样的？
2. 从长远来看，我的团队如何才能茁壮成长？
3. 哪些指标或者信号能够表明我的团队正在做正确的事情？
4. 我需要做什么才能创造一种持续改进的文化？

David 知道，分析情况、制订计划、设定个人目标以及管理预算并不是解决这些问题的答案。他面临的情况太复杂。简单的计划不足以解决不可预测的市场、客户期望和团队的动态性，他觉得自己需要一个完全不同的方法。他向我提出了一个价值一百万美元的问题："我如何为自己的团队创造一个合适的环境，让他们能够茁壮成长？" David 解释说，他不想成为总要回答这些问题的领导，他相信自己的团队能够以更好的方式来回答这些问题。但是，他如何创造一个理想的环境呢？在这个环境中，可以探索和发现这些问题的答案吗？我答应帮助他找到答案，尽管那时我也没有答案。但是，我们一起尝试、失败、学习和改进。

这本书是三年来寻找这些答案的结果。本书能够针对具体情况提供实用并且具体的工具和示例。它使你能够创建一个理想的环境，可以打造出一个理想的团队：专注于目标、拥有所有权、快速向客户学习并且创造出持续改进的文化。

没有人愿意领导那些没有干劲、提供劣质产品和不与其他团队合作的人，也不会有人想在高水平人才频繁离职的地方做领导。Scrum，Less 和其他敏捷方法可以承诺组建积极的、协作的和高绩效的团队。在很多情况下，我都看到过这些团队，他们真正被赋能，充满活力和感染力，客户对他们改进的质量和速度也充满了期待。但是，要使团队达到这样的绩效水平并不容易。每个团队、部门、产品和客户群体都是如此独特，以至于找不到什么魔法配方或者标准的所谓"成功的七个步骤"。但幸运的是，可以使用多种实用工具为团队和客户群体创建独特的环境。

我致力于与大家共享这些工具，这些工具可以用来创建一个理想的工作环境，使人们喜欢自己的工作并随着技能和自信的提升茁壮成长。

## 读者画像

本书面向敏捷环境中的领导者。他们刚刚或者已经负责带领单个敏捷团队、几个敏捷团队、整个敏捷部门甚至敏捷公司。这些领导者已经确信敏捷的好处和必要性，正在寻求改进。他们熟悉 Scrum 和其他框架。此外，他们已经在管理团队方面拥有丰富的经验，现在，他们正在寻找实用的工具、便捷的指标以及新的方法来为自管理团队创建一个鼓舞人心的环境。最后但同样重要的一点是，他们的公司活跃于竞争激烈的市场中，意味着对客户满意度、创新、数字化以及品质有更高的要求。

## 敏捷领导者的责任

敏捷领导者以一种全新的方式领导他们的团队。他们之所以能够领导团队，是因为他们创造了团队成长和改进所需要的环境。在这种环境中，团队可以自己优化流程，提高自身效率和效能，每天可以自主进行日常的各种决策，实现自我管理。他们有能力进行自组织。这些敏捷团队本身就是敏捷的，因为他们可以快速响应新技术、竞争对手的威胁以及客户不断变化的期望。他们不必等待正式批准、管理决策或者自上而下的战略变更。因为与客户和用户之间的反馈周期很短，所以他们可以不断尝试新的想法，改善产品和服务，并与其他自管理团队保持对齐。

敏捷领导者就是这种环境的设计师，就像农夫不是通过拔苗助长来种植作物而是为农作物的生长和繁衍创造理想的环境一样。如果发现庄稼停止生长，农夫不会责怪作物，而是认为这是它们对环境的反馈。敏捷领导者也是如此，他的责任是为自己的员工和团队创造这种合适的环境。当团队无法茁壮成长、事情出错或者客户不满意时，新型领导者不会因为员工做错事情而惩罚他们，而是把这些视为对工作环境的反馈。而要求员工提供反馈和帮助，寻求改进并且与员工一起适应和改善环境。

## 敏捷领导力工具箱

敏捷领导者要为敏捷团队的成长提供鼓舞人心的环境。但是，如何创造这样一个引人入胜的环境？这不仅需要一种新的思维方式，而且还需要许多新的技能，需要忘却旧的，学习新的。人们不仅通过读书来学习，而且可以通过很多方式来学习。以厨师为例，一个人之所以能够成为厨师长，是因为他花了时间练习使用刀、锅、配料和其他各种工具与材料。敏捷领导者也是如此，之所以能够在很多鼓舞人心的环境中成为大师，是因为他们经常练习。为了帮助敏捷领导者，本书提供了实用的工具、指标和示例，以便能够方便读者立即付诸实践。通过应用这些，可以增加和提升敏捷领导者需要具备的基本技能。

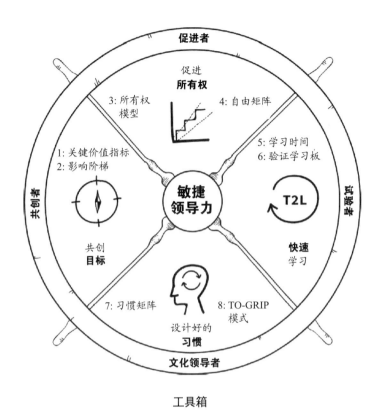

工具箱

这些工具、指标和示例构成敏捷领导者的整套工具箱。敏捷领导力工具箱是一个新型的"方向盘",用于重新定义如何领导当下的组织。工具箱的可视化效果如上图所示。

敏捷领导力工具箱分为四个部分,共同描述了敏捷领导者通过以下实际任务来建立一个可以滋养自管理团队的环境。

1. 目标共创

2. 促进所有权

3. 快速学习

4. 设计好的习惯

成功的敏捷领导者通过成功掌握这四个部分，为他们的团队提供所需要的支持。他们可以根据明确的目标做出更好的决定，拥有主人翁的毅力和精力，并能够基于快速学习能力快速做出反应，所有这些都是在一个工作习惯良好的、鼓舞人心的文化中进行的。敏捷领导力工具箱中的各个部分在本书中分章进行描述，各章包括两个实用工具和一个敏捷领导者的具体技能，总共八个工具和四个技能。这些技能的通用用法，领导者可以拿来即用，开始实战。每种工具都可以单独使用，但每种工具都能够对其他工具产生加成效果。

八个工具如下。

1. **关键价值指标（KVI）**。KVI 适用于团队，是他们交付价值的最重要的标志。

2. **影响阶梯**。影响阶梯用于头脑风暴和可视化客户影响。它支持团队不断改进产品和服务，用来增加客户收益。

3. **所有权模型**。所有权模型可视化团队需要怎样操作来获得所有权。

4. **自由矩阵**。自由矩阵将团队的自由和责任可视化。

5. **学习时间（T2L）**。T2L 测量学习的速度。它是一种度量指标，计算从团队开始构建、实施，到团队从客户实际使用中进行学习所需要的时间长度。

6. **验证学习板（VLB）**。VLB 用于可视化团队的学习流。

7. **习惯矩阵**。习惯矩阵支持文化改变和新习惯的设计。

8. **TO-GRIP 模式**。支持敏捷领导者在环境中做出重大的改变和改进。

四个领导技能如下。

1. 共创。共同创造愿景和前进方向的能力。领导者与敏捷团队一起致力于为客户和公司创造价值。

2. 促进。促进所有权的能力不是通过强制实施，而是经历不断增强团队所有权的过程来实现的。

3. 试验。创建团队可以在其中进行试验的安全环境的能力。这不是一种因为团队的失误而责备团队的环境，而是领导者指导团队以帮助团队不断从客户那里学习和改进的环境。

4. 文化领导。创造健康的企业文化并领导人们充分发挥自己的能力，不是告诉人们应该怎样做，而是通过领导文化来赋能。

借助于该工具箱，敏捷领导者可以创造所需要的环境，不断改进并在必要时进行调整。因此，敏捷团队有一个鼓舞人心的目标、高度的主人翁意识、较快的学习速度和良好的文化。这是团队成功的理想环境，它使团队能够高速敏捷。

## 写作动机

自 2015 年以来，我一直在积极寻找能够支持敏捷领导履行其职责的具体工具。我应用 Scrum 的经验告诉我，工具可以帮助团队变得敏捷，最好的改进方法是以新的方式开始工作。敏捷领导者还需要实用的工具、度量标准和会议来帮助他们以一种新的方式开始工作，并通过这样做来成为越来越优秀的敏捷领导者。在许多不同的场景下，在多家不同的公司，我们一起将这些工具研发整合到该工具箱中。这本书分享了我学习到的内容。

## 阅读指南

本书的每个部分都可以分别阅读和单独使用。众多示例都是基于我在多家公司的经验，这些公司的经理和领导者各不相同，我作为经理获得的经验也不尽相同。因为并非所有示例都是正面的，所以我选择将它们匿名化。与特定公司或者场景的任何相似之处纯属巧合。另外，我用"他"来指代敏捷领导，并不是要说明男性才是更好的敏捷领导。

我想写一本非常实用的书，要包含工具、逐步计划和工作坊，所以许多章节的标题都是基于敏捷领导者近年来对我发问的具体问题。为了使本书尽可能独立，在本书中只有很少参考文献涉及了外部的研究或者资料。该工具箱也不是 Scrum 或者其他任何特定敏捷方法的一部分。它可以与任何敏捷方法一起使用。重点是说明工具箱的实用技巧和工具以及示例和轶事。本书中各种工具的其他示例和模板可以从 www.tval.nl 获得。

在寻找这些工具的过程中，一艘帆船在未知海域中航行的景象帮助我找到了这些工具并将它们具象化。帆船必须驶过未知且不可预测的水域，而水手则希望尽快到达目的地。什么因素可以使他们获得成功？他们需要一个指南针来导航和检查他们的方位；他们需要很大的风力才能移动并且加快速度；帆船必须有高度的敏捷性，以便在发生某些意外状况时能够迅速做出响应；能够不断进行学习。船员更喜欢在美好平静的环境中航行。工具箱的第 I 部分用于激发指南针的目标并为促进所有权提供加速度，第 III 部分"快速学习"提高反应速度和敏捷性，而文化和习惯则可以营造出一个美好的环境。

## 本书可以带来哪些收获？

通过阅读本书并学习如何应用书中介绍的工具和技巧，敏捷领导者可以更好地塑造新型组织。他们能够做到下面几点。

- 具有改善环境的具体工具和技巧。
- 了解自管理团队需要什么才能茁壮成长。
- 自身已经成为敏捷领导者。
- 更好地了解他们在特定时刻的角色。
- 能够在软、硬两个方面持续改进并保持平衡。
- 领导敏捷团队实现真正的成长。

# 目录

## 第 1 章　共创目标 .................................................. 1
  1.1　如何设定正确的目标？ ....................................... 2
  1.2　如何找到合适的 KVI？ ...................................... 12
  1.3　如何可视化客户影响？ ...................................... 22
  小结 .......................................................... 30

## 第 2 章　促进所有权 ................................................. 35
  2.1　团队何时获得所有权？ ...................................... 36
  2.2　什么时候介入（放手）最好？ ................................ 46
  2.3　我的团队有多成熟？ ........................................ 54
  2.4　典型团队如何成长？ ........................................ 60
  2.5　如何使边界与成熟度对齐？ .................................. 66
  2.6　所有权模型什么时候有用？ .................................. 74
  小结 .......................................................... 79

## 第 3 章　快速学习 ......85

3.1　如何知道团队在做正确的事情？ ......86
3.2　团队如何快速从客户那里学习？ ......96
3.3　如何将学习环付诸实践？ ......104
3.4　团队如何小步实现大创意？ ......112
3.5　最小化爆炸半径 ......122
小结 ......127

## 第 4 章　设计好的习惯 ......131

4.1　如何激发敏捷文化？ ......132
4.2　如何设计好的习惯？ ......146
4.3　锚定持续改进文化 ......158
4.4　实施改进后的好习惯 ......164
小结 ......179

## 结语 ......183

# 第1章

# 共创目标

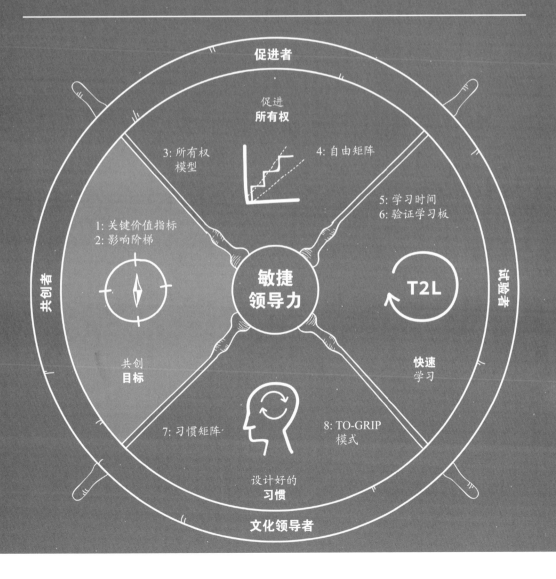

# 1.1 如何设定正确的目标?

"没有明确的目标,团队将无法达成真正的目标!"

——汤姆·吉尔布(Tom Gilb)[①]

---

① 中文版编注:系统工程师、顾问和作家,以软件度量标准、软件检查和迭代过程的开发而闻名。

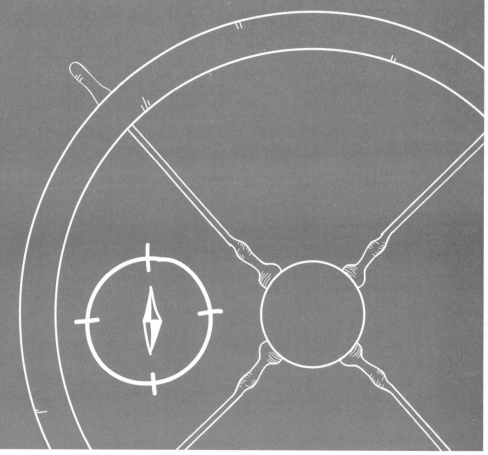

共创
**目标**

## 开篇问题

1. "赢得比赛"对团队意味着什么?

2. 什么指标能够表明团队工作得更加敏捷、更加成功?

3. 这个指标是否能够表明增加了客户影响?

## 开篇故事：目标共识

现在是一月初，总监 Phil 今天在他的公司做新年演讲，他的演讲幽默、有趣、坦率并富有激情，吸引住了大家。总监讲到了新的一年他对大家的期望，大家的目标虽然不同，但都是具体的和可度量的，大多数同事都已经很清楚地了解这些目标了。这些目标包括至少95％的客户留存率，针对前10％的客户实现合作伙伴计划以及现有产品和服务实现20％的增长。此外，目标还包括创新营业额增长100％，与合作伙伴的紧密合作以及员工需要每月达成的目标要求。对于后者，Phil 提出了一个不错的奖励：达到目标的每个人都可以参加国际黑客马拉松——一个为期两天的关于创新、实验和相互学习的机会，黑客马拉松的宣布获得了掌声。最后，Phil 提出了五个关键绩效指标（KPI），这些指标的达成与否决定着各个部门是否能够获得奖金。目标是特定的，明确指出大家必须要做什么，大多数员工都期待着实现目标。

Phil 演讲结束后，休息了一会儿，喝了咖啡和茶，吃了一块印有公司标志的蛋糕。Phil 从一个小组巡视到另一个小组，他询问员工对他演讲的理解。但是，随着巡视的进行，他开始怀疑自己演讲的核心是否已经传达到位，因为每个人似乎对来年最重要的事情都有自己不同的看法。Phil 想知道他们是否认真听了。他们是在忙着过圣诞节，还是在偷偷地打电话。最后，Phil 得出结论，这取决于自己的演讲。显然，尽管有良好的意愿，但他并没有能够提供足够的聚焦。他提到了许多重要的事情，但哪个主要目标能够确定今年会有一个好光景？团队何时能够赢得比赛？如果他们实现了所有目标，是否可以保证取得成功？或者说今年只是迷茫的一年？有没有可能每个人都认为自己做得很好但最终结果却不够好？

Phil 意识到是自己的工作做得不到位。就像在体育比赛中一样，每个人都知道，计分牌上的分数最重要。没有一个选手需要看过棋盘才能知道比分，只要看计分牌，他们实际上就可以知道比分。Phil 知道这个分数在公司是看不到的，况且，他的演讲也没有讲清楚。

Phil 决定当天下午与他的领导团队（LT）来一次头脑风暴。Phil 分享了自己当天早上的巡视结果，并将责任归于自己。之后，Phil 提出讨论聚焦的必要性。整个领导团队都认可聚焦的紧迫性，但对聚焦点却有着不同的见解。各个不同的目标似乎都很重要，比如营业额和利润，但创新、客户满意度和质量也很重要。最后，他们达成共识决策：每个团队都应该有一个非常重要的 KPI。

他们决定给这个非常重要的 KPI 起一个昵称 KVI（Key Value Indicator，关键价值指标）。他们对这个 KVI 现在只有一些模糊的概念，但是他们希望能够与几个团队一起将这个概念形成为"想法"，采用团队的意见使想法目标更加具体和鼓舞人心。目标必须能够帮助团队真正聚焦于客户并带来积极的客户影响。KVI 能够指示团队他们是否赢得了比赛，以及他们是否能够成功地为客户和公司创造价值。

几个月后，Phil 指出，团队现在能够更好地解决问题，实施改进并且自行进行计划。在特定情况下，他们可以更好地评估自己的优缺点，并做出选择，而无需领导团队的批准或者决定，这样可以提高团队的敏捷性和生产率。Phil 很高兴看到团队现在可以独立地影响客户，充分体现公司的价值。

## 传统目标与新型目标

团队在复杂的环境中运作。市场、技术、竞争对手和客户的愿望变化如此之快和不可预测,以至于团队需要一种新型的目标来为他们指明方向。我来解释一下其中的原因。

在静态或者缓慢变化的市场中,员工和团队的绩效可以相对容易量化,看他们的投入产出比,产量大的员工或团队的绩效比其他人更高。因此,轮胎安装得越多,电话处理得越多,或者窗户刷得越多,绩效就越高。这是因为,在这些市场中,公司的生产、客户的利益和公司的价值之间存在着相对稳定的关联关系。许多公司拥有的现有产品要出售给更多的客户。而且,组织中的不同部门必须以在一定的客户满意度水平生产出更多的产品,成本足够低无疑是最佳的。通过专注于内部指标(通常称为"关键绩效指标",KPI),可以为这些部门和团队设定目标。这些指标可以通过查看部门的特定数据来衡量,例如生产的汽车数量、拨打的电话、第一次正确的号码或者交付的软件功能。团队的工作和公司的成就之间存在着稳定且可预测的相关性。

但是,在复杂的、不可预测或者快速变化的市场中,这种相关性往往是未知的。从目前的市场情况来看,相关性可能在今天就能够知晓。但是变化几乎是必然的,因此这种相关性在不久的将来可能变得未知。诺基亚多年来一直是一家成功的电话公司,这个组织之所以陷入困境,不是因为它没有生产出足够多的电话,也不是因为我们的顾客不再使用手机。造成这一困境的原因之一是,该公司在智能手机领域的发展不够敏捷。

如果一个球队全神贯注于控球,控球率就会提升,但更多的控球并不意味着球队能够自动赢得比赛。同样,处理更多的电话、应用程序中更多的功能或者更多的客户访问也不能保证团队取得成功。定义团队必须做什么，这样的目标并不能使他们更加成功。相反，目标必须能够指明团队必须要实现什么。例如，由于有了新技术，我们（从商店里）租借的视频数量减少了，但观看视频的数量却比以往任何时候都要多。这意味着需要关注的不是被租借的视频数，而是人们观看视频的小时数。

设定目标的新的方式是关注团队需要实现什么，而不再是关注团队做什么。这些新的目标使我们在定义"赢得比赛"的含义时变得切实可行。因此，这些目标能够表明团队何时真正获得了成功。当市场发生变化时，基于其必须实现的可衡量目标往往会保持确定性。换言之，敏捷领导者要创造一个环境，在这个环境中，目标是明确的、鼓舞人心的和可衡量的，即使解决方案未知，也能够指出一个确定的方向。当新技术出现，并且必须得接受新的可能性时，这些目标也是确定的。

敏捷领导者创造了一个环境，在这个环境中，目标明确，鼓舞人心并且可衡量，而且必须可实现；即使解决方案是未知的，但仍可提供一个稳定的方向。

那么，领导者如何才能为团队提供这种类型的目标，既可以提供重点关注的领域又可以使他们有能力应对市场变化和新技术？领导者如何利用团队的集体思维能力来持续监控、适应和改进，同时防止团队设定错误的优先级、做出错误的选择或者错误的关注点？领导者如何能给他们的团队一个指南针，让他们在未知的海域中能够朝着正确的方向前行？

这一挑战有一个相对简单的解决办法。为了让团队能够衡量他们的成功，他们必须知道，他们需要有团队之外的参照物。停止关注内部 KPI，开始关注客户。团队可以通过他们对客户的影响程度来衡量他们是否成功。当他们知道自己使用户更加成功或者更加满意时，他们就知道自己获得了成功。接下来，他们可以利用这种领悟进行改进；他们可以头脑风暴，就下一阶段如何改进进行试验，详情参见第 3 章。至关重要的是，他们的工作环境支持关注客户，而不是关注内部输出。一个改变环境的实用工具是使用一种新型的度量指标。这个指标能够表明团队要交付的内容、如何使客户受益以及如何为公司带来价值这三者之间的关系。这就是他们需要一个交付价值指标的原因。

## 工具 1：关键价值指标（KVI）

KVI（Key Value Indicator，关键价值指标）是团队用来确定自己是否创造了价值的最重要的指标。KVI 是可以通过趋势线可视化的一个指标，可以使客户影响和公司价值之间的关系切实可见。该工具的用途如图 1.1 所示。团队必须更加敏捷，更好地为客户服务，为公司创造更多价值。因此，衡量团队工作的不应该是内部目标，而应该是一个关注外部的目标，它可以直接（或间接）用来衡量客户的行为。KVI 是一个体现当下状态的数字，团队可以用它来衡量行为的结果。几个专注于同一个客户影响的团队可以有相同的 KVI。

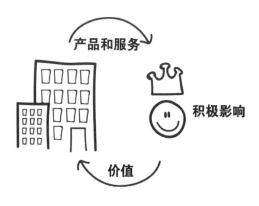

图 1.1　KVI 的可视化

多年来，许多公司一直在使用关键绩效指标（KPI）[①]或者目标和关键结果（OKR）[②]。这些工具的强大之处在于它们可以聚焦，经常被用来衡量内部流程的效率和质量。但是，在一个复杂而动态的市场中，团队必须专注于客户，这一点很重要。这就是KVI是一种面向客户的工具的原因，它可以增强KPI和OKR的操控力。当KPI和OKR还能衡量对客户的影响时，它们可能已经是KVI了。换句话说，最重要的KPI也是KVI，它表明了对客户的积极影响以及如何为公司带来价值。图1.2给出了一些KVI的示例，其他示例可以在www.tval.nl找到。

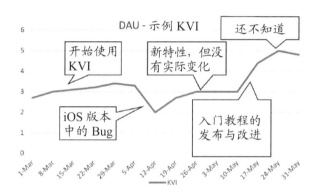

图1.2　KVI示例

KVI的一些示例如下。

1. 开发在线体育游戏的团队把日活（每日活跃用户，DAU）作为KVI：每天玩游戏的（数百万）用户数。这些用户中有很大一部分只是在免费玩游戏，其中约15%的用户付费，这些付费的游戏玩家可以给公司带来收益。这些年来，百分比一直非常稳定，随着DAU的上升，公司月收入也在上升。因此，DAU是能够体现向客户和公

---

[①] https://kpi.org/KPI-Basics

[②] https://rework.withgoogle.com/guides/set-goals-with-okrs/steps/introduction/

司交付价值的合适指标。真正喜欢这款游戏的人每天都会玩，每天玩的人越多，公司的收益就会越高。

当团队成员早上上班时，他们会互相询问 DAU 的情况并跟踪一天中 DAU 的发展态势。新的功能、改进和营销活动的效果是根据 DAU 的增加（或减少）来衡量的。通过有效的游戏功能，新员工可以了解历史增长情况。由于错误、功能无效或者对竞争对手的反应不够快而造成的痛苦，每一次都让大家悲喜交集。

2. 一家软件公司正在寻找合适的 KVI，它有许多每天或者每周在使用自己产品的客户。该公司过去一直跟踪净推荐值（NPS），但在过去的几个月中，员工注意到 NPS 并没有为他们提供必要的信息。在查看填写 NPS 的客户时，他们发现很少有人花时间提供反馈，但其中大多数都是不太满意的客户花时间提供反馈。接下来，他们想知道每月订购量与客户满意度之间的相关性，每月的订阅费在 10 美元到 5000 美元。他们与一些产品经理一起就此问题进行头脑风暴。他们问了自己两个问题，KVI 如何才能提供以下两方面的洞察信息？

- 绝大多数客户是否满意
- 每个月的订阅量

每月都会查询所有客户的满意度。如果他们评出 10 分、7 分或更高的评分，则表明他们会按月订阅。新的指标为 $\sum 7+$，统计所有 7 分以上客户的每月总订阅量。为了获得更多客户的反馈，他们引入了两项改进。首先，他们直接要求得到 1 分到 10 分的客户数，客户关系经理和客户支持员工当然也会记下这些反馈的详细信息。接下来，为了改善与客户的互动，他们开使用 UserVoice[①]之类的工具为客户提供一个更具体的平台，客户可以在平台上发布想法并更改产品待办列表的优先级。

3. 一个共同负责处理支持电话的团队，已经选择减少每 1000 名客户每周的通话次数为自己的 KVI，这个 KVI 必须下降，才能表示成功。通过与销售、IT 和营销等部门合作，他们开始专注于减少不必要的电话数量。这使得团队能够真正关注那些仍然打电话给他们的客户并能够给这些客户提供更积极的服务体验。换言之，由于电话少了，团队可以把时间花在真正需要他们关注的客户身上，并且可以专注于提供客户影响。

---

① 中文版编注：创建于 2008 年 2 月，是一个产品管理和客户支持工具，使企业能够为自己的用户构建一个用于提交用户功能反馈的建议门户，构建用于客户支持的票证系统，并为用户创建文章知识库。作为一个 SaasS 公司，2011 年有了 2300 万客户。

# 1.2 如何找到合适的 KVI？

"盘子装得满，并不会使食物更加美味。"

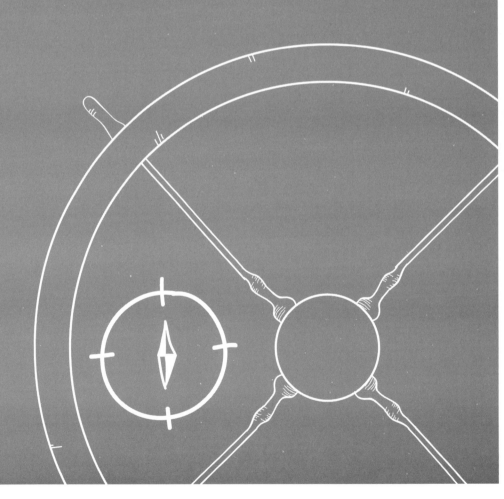

## 开篇问题

1. 哪些方式可以衡量团队因为受到激励而使工作表现更加敏捷?

2. 哪些客户因为使用该产品而真正变得更加成功?

## 什么是合适的 KVI？

Gordon Ramsay（戈登·拉姆齐）[①]以其烹饪技巧、书籍、电影以及最重要的餐厅咨询技巧而闻名世界。我花了几个小时观看电视剧《地狱厨房》，在这部剧中，戈登帮助处于危机中的餐厅再次获得成功。他所帮助的餐厅基本上都面临质量低劣、顾客流失和亏损等不良状况，一个共同点是这些餐厅几乎都濒临关门的境地。在他援手的几天时间里，他确保这些餐厅渡过了难关。戈登使许多餐厅老板免于破产，是他们的恩人。是什么让他如此独特和成功？我认为，除了成为一名出色的厨师并能够很好地指导人之外，他的独特技能还在于他可以一次又一次地改变餐厅的面貌：他专注于食客的需求。结果，他使餐厅成为一个独特而且备受欢迎的地方，而顾客很乐意为此付费。戈登通过创造客户影响为餐厅带来了价值。这听起来很容易，但在现实生活中却很难做到，因为有太多事情冲淡了大家对客户影响的关注。

一家成功的餐厅，其基本要素仍然相对简单：美食、客人吃得好和氛围好，而且价格适中。戈登的优势在于使这些通用的概念适用于特定的餐厅，因为他每次为餐厅创造积极的客户影响的做法都是不同的。现在什么是美味的食物？那附近有什么好的气氛？这些客人能够接受的合理价格是多少？戈登会根据具体情况设计不同的食谱、不同的就餐形式和价格。这使他非常敏捷：他每次都能满足顾客的需求，能够对具体情况（竞争、目标群体、氛围和员工能力等）做出反应。因此，每次他都会做一个有利可图的"公式"。许多公司可以从中学习到如何真正专注于客户的基本需求，产生影响并将其转化为公司的价值。要建一个合适的 KVI，必须采取三个步骤。

---

[①] 中文版编注：英国厨师、美食评论家、餐厅老板和电视名人，以毒舌出名，被称为"地狱厨神"，作品有十余部。

## 迈向第一个 KVI 的三个步骤

那么，如何开发和找到合适的 KVI？不是通过告诉人们新的指标，这通常是传统的方式，这种做法不太可能支持所有权、理解和协作。新的方法是共同创建指标，几个人和一个工作坊一起发现第一个 KVI。几个月后，可以用新的领悟和经验来改进 KVI。

定义合适 KVI 的过程包括三个步骤，通常可以在时长约 2 小时到 4 小时的工作坊中完成。该工作坊的步骤如下。

 步骤 1：创建一个清晰的客户影响。

 步骤 2：可视化 KVI 为公司创造的价值。

 步骤 3：定义指标，用来增加对客户的关注。

**步骤 1：创建一个清晰的客户影响**

首先要明确这种情况对客户的影响。

描述客户如何通过使用产品或者服务而获得收益。它给他们带来了一定的好处吗？例如，客户更加快速或者更加快乐，可以更快地实现自己的抱负或者以不同的方式来获得成功。还是减轻了某种痛苦？它是否可以帮助客户减少在某些任务上花费的时间、降低风险或者减轻压力或麻烦？团队成员通过创造和改进对他们有利的产品和服务，间接地给用户带来积极的影响。尽管解决方案可能已经改变，并且在下一个时间点可能发生更快的变化，但潜在的客户影响并没有改变。虽然方式越来越快地发生变化，但是客户基本的收益和痛点却几乎没有改变。

我举两个例子来解释这一点。近年来，围绕在家里看电影的产品和服务发生了巨大变化。我们看一下新产品和服务的示例。我们已经不去音像店租赁影片；相反，我们在沙发上播放在线视频。我们看 Netflix 和 YouTube，我们暂停了直播电视，我们轻松录制电视中的电影，用平板电脑在公园里看电影。近年来，看电影基于对放松、追求浪漫或者其他任何原因的需求并未改变。客户的影响是仍然在看电影，现在只是以完全不同的方式实现了对客户的影响。Blockbuster[①]在 2010 年申请破产，并不是因为潜在的客户影响发生了变化，而是因为其他公司可以更轻松、更便宜地做到同样的客户影响。Blockbuster 可能在关键绩效指标上有所调整，比如电影租赁数量或者订户数量。因为不管将来出现什么新技术，我们的消费者仍然有放松和看电影的潜在需求，成功的公司可以借助于新技术和改进的服务来继续满足观看电影这一稳定的需求。

再看另一个例子。购买汽车是基于方便、自由的感觉、货舱、地位、安全，或是为了度假旅行。不同的汽车品牌在其营销活动、宣传册和外观上都有自己独特的客户影响。多年来，汽车发生了巨大的变化和改进。新技术、改进的发动机和各种其他变化使汽车更安全、更快、更经济或者更易操作，但消费者的基本需求基本保持不变。

因此，重要的是要关注客户的影响。这是动态市场中团队需要关注的关键因素。但是，这种对客户的影响如何为公司带来收益并为持续发展做出贡献呢？

### 步骤 2：可视化 KVI 为公司创造的价值

如果客户的影响显而易见，则可以具体说明它如何为公司带来价值。在该步骤中，整个业务流程将可视化：从收获新概念和进展到构想出解决

---

① 中文版编注：百视通，美国家庭影视娱乐供应商，以出租录像起家，后来有流媒体、视频点播和影院等行业，2004 年高峰时段有超过 6 万名员工和 9 千多商店。

方案，构建最佳概念以及收集实际用户的反馈。自管理的敏捷团队需要洞悉整个过程及自己在其中的角色。他们集体讨论如何通过提升客户影响来提升公司价值，只有通过所有团队之间的集体协作、分享领悟和改善反馈，才能优化这一价值。盘子里放更多的食物可以提升价值吗？可能不会。改善餐厅客人的体验则更有可能提升价值。在 App 中构建更多特性是否正在提升价值？可能不会，构建那些能够提升 DAU 的特性，提升价值的可能性更大。

表 1-1 展示了团队工作与公司价值之间的关系。

表 1.1　团队工作与公司价值之间关系的一些示例

|  | 举措 | 产品和服务 | 客户影响 | 价值 |
| --- | --- | --- | --- | --- |
| 饭店 | 烹饪、服务、清洁、迎宾、处理预订 | 美食 | 饱餐，放松，浪漫，价格公道 | 客户非常高兴，满意地付款。接下来，他们将是公司的口碑宣传者 |
| 汽车制造 | 设计和制造汽车零件并组装成汽车 | 可驾驶的汽车 | 从 A 地到 B 地更快。或地位、奢华、安全 | |
| 服装制造 | 用布和其他材料来设计和制作服装 | 裤子、衬衫和短裤之类的服装 | 温暖整洁。或者还有地位、自我表达、第一印象、奢侈或安全 | |

要想持续改进，敏捷团队必须要有创新精神，必须能够以更敏捷的方式工作。只有清楚整个价值创造过程，团队才能够做到这一点。

## 步骤 3：定义指标

如果知道团队的工作如何增加客户的影响以及如何为公司提供价值，则可以在第三步中选择出 KVI。确定这一指标通常是一个创造性的过程，它有助于将不同员工的想法结合到一个具体的 KVI 中。通常，在这个过程中，为了使其越来越合适，几个 KVI 要试用好几个月。

## 我怎么知道我们有一个鼓舞人心的 KVI？

寻找鼓舞人心的 KVI 也很复杂。我们发现第一个 KVI 通常不会是最终合适的选择，但设定初步的 KVI 并进行试验，通常是找到更合适 KVI 的唯一方法。鼓舞人心的 KVI 能够产生能量、激发创造性思维并能够促进协作。构想出概念并与某个 KVI 一起试验几个月，就能够提供反馈和进行学习，从而实施改进。这就是所谓的"构想到学习"（Sketch Go Learn）循环，可以用于发现合适的 KVI。

但是，如何知道是否找到了合适的 KVI？通过以下 5I 与团队和客户进行试验和头脑风暴，结果就能够创建出鼓舞人心的 KVIS。

## 鼓舞人心的 KVI 有 5 个 I

5 个鼓舞人心的 KVI。

- 改变（Influence）。团队认为他们可以改变指标。

- 洞察（Insight）。该指标是有形的和可视化的。团队成员自己更新指标，并希望主动了解最新的指标数字。

- 概念（Ideas）。指标能够引发概念的充分延展，激发创造性思维。团队拥有一个改进列表，其中包括概念、创新性和颠覆性。

- 意图（Intent）。指标背后的意图也很明确。团队成员可以说明他们想要实现的目标或者任务。

- 影响（Impact）。着眼于客户，并且可以向客户或者用户说明 KVI 能够为他们提供哪些服务。

## 选择和使用 KVI 时的陷阱

选择和使用 KVI 时的陷阱如下。

- 本周的选择没有反馈。如果 KVI 在一年中只用到几次，就说明它并不是一个合适的 KVI。如果今天或者本周的选择没有从 KVI 中得到反馈，就会使团队无法领悟到应该如何提高自管理能力。

- 没有任何改变。请注意，团队可以改变 KVI。有些公司使用的是错误的 KVI，即利润。虽然清楚地表明了总体目标并使其可以衡量，然而，利润取决于许多因素，比如战略折旧和其他会计细节。通常情况下，最好用保证金计算，以便计算不同产品和服务的利润，并且可以把它用作团队的 KVI。

- 仅限于管理仪表板。如果管理者只使用这个指标来了解团队的表现，那么他们只能了解到一半的情况。KVI 的上升和下降可能有各种原因，这些原因是团队和组织内其他部门的关键经验教训。将不断下降的 KVI 与团队表现不好联系起来是非复杂环境下的思维方式。有许多的未知、依赖和外部因素影响着 KVI，这就是它的魅力。因为只有集中每个人的脑力、经验和才能，我们才能不断找到对 KVI 产生积极影响的方法。要使 KVI 令人兴奋、有趣和富有挑战性。要与团队讨论，而不要评判 KVI 的数字大小。

- 等待最合适的 KVI。在研究客户影响以及如何为公司带来价值之后，我们可以找到一个优秀的 KVI。但如果需要几周或者几个月来实现 KVI 并需要收集足够的数据来跟踪它，就说明它可能仍然是个糟糕的KVI。一个更好的方法是使用现有的度量，开始收集经验和学习，实现"超级KVI"。

## 如何给出鼓舞人心的目标？

通常，因为团队要参与确定合适的KVI，所以他们可能已经感觉到它与目标相关。但是，并非所有人都参与了这个过程。随着时间的流逝，其他人也加入进来。因此，成功的领导者会一再确保目标清晰并且依然鼓舞人心，他们知道鼓舞人心的目标至关重要。因为团队的工作通常具有挑战性，在寻找解决方案、实施改进并超出客户期望的过程中，敏捷团队会有很多期望。实现这些目标通常需要大量的精力和毅力，已经不再是朝九晚五的日常活动，而是持续创造性地寻找解决方案，并在这些解决方案最初无效或者客户反馈强烈的情况下在其他地方继续进行探索。

但是，如何确保这些目标鼓舞人心？多年来，我遇到过几位鼓舞人心的敏捷领导者。他们知道如何使人们行动起来，展开团队合作，共同克服障碍。他们是如何做到的？我采访了几位敏捷领导者，观察他们，并与他们进行了深入的交谈。鼓舞人心不是技巧，真正的灵感来自于真诚。

此外，我还发现这些成功的敏捷领导者在与大型或者小型团队交谈时的一些共同点。

1. 梦想。他们有激情，有启发性的远见。他们可以以一种非常切实和可信的方式来解释他们的愿景，让团队感到信任和动力。

2. 以客户为中心。这个梦想不是公司内部的，而是面向客户的。重点在于团队对客户意味着什么以及如何产生积极的影响。

3. 开诚布公。敏捷领导者容易受到大型团体的攻击，因此必须显示出勇气。他们能够坦承自己做不到，而且还没有所有答案。他们是不完美的，并且会犯错误。但他们的行为并非源于不确定性，而是源于真实性。

4. 探索。他们提出的不是详细的计划，而是一次发现和探索的旅程。他们指出成功的关键太复杂而且太不可预测。他们无法保证到底会发生什么，也无法保证细节会怎样。他们的倡导是为了互相帮助，而不是为了私利或者短期解决方案。

5. 痛苦。他们对未来一段时期的努力工作和付出的痛苦能够坦诚面对。这不是一条容易的道路，挫折也是其中不可缺少的一部分。

在许多情况下，这都归结于勇气。敏捷领导者本来可以推迟变革，继续做自己一直熟悉的事情。从短期来看，这将减少风险和痛苦。但是他们勇于先行，选择了启发思考。他们想改变为客户服务的方式，改变利用员工才能和机会的方式。这将最终导致公司业绩的变化，而且在许多情况下，员工愈加自信，客户对产品和服务更加满意。

敏捷领导者的工作是确保每个团队目标清晰和鼓舞人心。实际上，这意味着需要确保团队了解客户对产品和服务感兴趣的动机以及如何为公司创造价值。

# 1.3 如何可视化客户影响?

"我将用(以客户为中心)的大理念来定义亚马逊,将客户置于我们所有工作的中心。"

——杰夫·贝索斯,亚马逊CEO

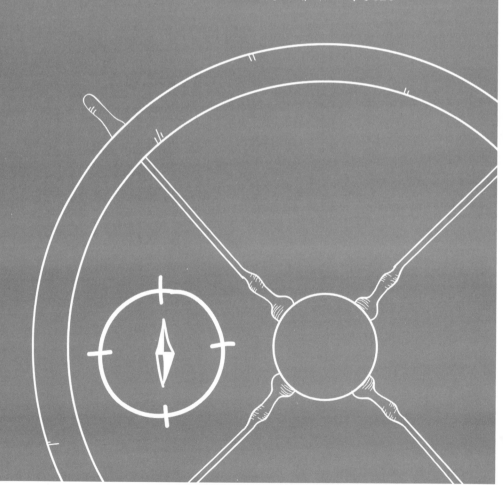

共创
**目标**

### 开篇问题

1. 什么可以助力客户取得更大的成功?

2. 可以通过哪种方式使客户更加成功,从而成为团队和部门的动力?

## 开篇故事：农场无人机

Matthew 成立了一家初创公司，主营业务是开发新型的先进无人机用来帮助农民收集农作物的信息。他想为农民提供这种支持：他们无需离开住所，不必巡视所有土地来查看农作物的状况，就可以每天获得农作物的最新信息，因为无人机将飞越庄稼地并收集各种数据。这将节省农民的时间并提供更准确的信息，因为与农民开拖拉机相比，无人机可以在更短的时间内检查更多的土地。

Matthew 在寻找投资者，准备开发这个产品。在提出这一构想时，许多投资者并不热情，因为他们不相信这架无人机会足够精准或者值得购买。投资者早期的预测是无人机非常贵，农民不会买。

听到投资者的所有反馈后，Matthew 开始怀疑自己的构想。他考虑了一下，然后再看了一下自己的笔记。他的笔记涉及的全都是无人机的技术细节、电池的要求、可以应对的风速、自动驾驶最佳路线的算法以及无人机如何获取常规软件更新等。Matthew 为自己的技术分析感到非常自豪，他还与农民讨论了这些细节，许多人也同意他的技术规格。

那么，为什么不能说服许多投资者呢？Matthew 考虑了一下，再次看了笔记上的问题。他列出了无人机的价值清单。他的面前叠了七张白纸。在底部他写下"农场无人机"（图1.3）。他从农民的角度来看待自己的产品，他认真解答了自己提出的问题：为什么农民会购买自己的产品？因为无人机能够提供数据。农民为什么需要使用无人机来获取数据？因为这样可以节省时间。农民能够更加快速地做什么？他们能够更加迅速地洞察信息。为什么这种信息有价值？因为农民们可以根据这些信息做出决定。那为什么只对农民有帮助？因为无人机能够增加农作物的产量。马修在纸上写下了"提升产量"。为什么农民想要提升产量？答案很简单：因为无人机的使用增加了收入，使农民更成功。

Matthew 查看了清单，对结果感到非常自豪。他打电话给之前已经沟通过这个构想的一位农场主，问是否可以一起喝杯咖啡，让对方看看自己的新结论。

几天后，他和农场主坐在一起。Matthew 非常兴奋，向农场主说明了自己的想法，但是在他的讲述过程中，农场主看起来并不兴奋。农场主打断他，问："你知道我们农民是如何赚钱的吗？你知道怎样才能使我们最终能够赚到钱？"Matthew 本来认为自己知道，但他开始发现自己实际上并不知道。这位农场主解释说："我对你的农场无人机感兴趣的原因不是因为它节省了我的时间，而是完全不同的原因，我觉得我可以在不赚钱的农作物上节省很多钱。我们农民在杀虫剂、干旱时期的农作物浇水和各种营养上花费了很多钱。我希望我可以更快地决定哪一部分支出可以取消，从而无需投入任何资金，这样一来，在收成相同的情况下，我的成本就会低一些。"

两人一起修改了 Matthew 先前的清单，还加了几张纸。（Matthew）考虑了一下，他发现他当前关注的无人机细节虽然很重要，但自己并不完全了解他的产品如何给客户带来价值。

图 1.3　农场无人机如何影响客户

接下来，他们进一步头脑风暴，讨论了风险（不是产品的风险），例如电池是否足够充足，或者无人机是否智能到足以找到合适的路线。他们谈到了农民的风险。他的农场主朋友明确地说，他意识到两个重要的风险：无人机会在更短的时间内收集到同样多的信息数据吗？它会收集到更精准的信息数据吗？所以"节省时间"这一项被改成另一种类型的注释，因为它现在在整个列表中微不足道。另一个风险是，农民是否能够根据无人机的信息数据做出正确的决定，从而判定当前的农作物不重要。这两个风险实际上是假设，但是它们将极大地影响着无人机是否能够取得成功。农民真的能够做出更好的决定从而增加总的净收入吗？思路如图 1.4 所示。

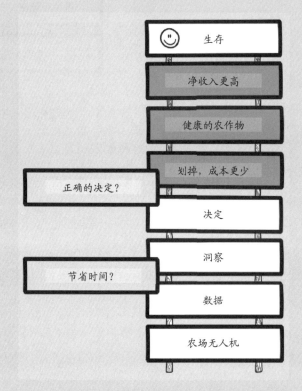

图 1.4　为什么农场无人机能够真正对客户产生积极影响

Matthew 开车回到家，思索着他新发现的内容。他明白为什么潜在投资者对他的产品不那么热情了。这并不是因为无人机技术的独创性，而是因为他们（包括 Matthew 自己）都没有真正理解客户影响。他给几个潜在的投资者打了电话，开始解释无人机产品的客户端的价值。

当 Matthew 与一个潜在投资者讨论并就这些假设进行头脑风暴时，投资者问："有没有一种更快的方法，不造无人机就能验证我们的假设？"Matthew 的第一反应是很震惊，但随后他考虑了一下，应该可以有更快的方法来获取数据。为什么不在摇杆上使用像大型摄像机这样的模拟无人机或者使用卫星数据图像和数据呢？ 他用一些替代方法扩展了自己的想法，最终结果如图 1.5 所示。

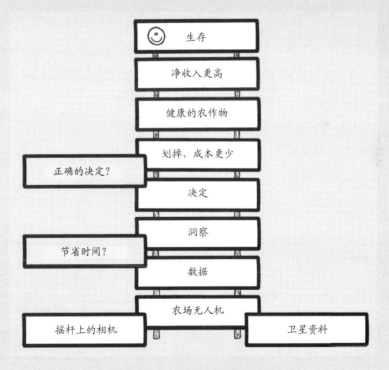

图 1.5　农场无人机的替代品

## 复杂的客户影响

在现实生活中，可能很难清楚地了解客户的影响，尤其是当客户是另一家公司时。许多团队认为他们了解客户的影响，其实是因为他们不知道自己还有很多不知道的。为了赋予这些团队正确的目标，并为他们赋予适当的 KVI，必须明确指出产品如何为客户带来价值。成功的敏捷领导者要确保敏捷团队能够真正了解他们如何能给客户带来收益。

为此，我开发了影响阶梯（Impact Ladder）这一工具，该工具可以可视化客户影响以及相应的假设。影响阶梯工具部分吸纳了5W（五个为什么）。

## 工具2：影响阶梯

影响阶梯是一种工具，可以非常清楚地描述产品或者服务如何为客户带来积极的影响。影响阶梯支持头脑风暴，并支持对最重要的假设进行洞察。该工具可用于新产品和现有的产品及服务。影响阶梯还可以更轻松地在不同类型的用户和目标组之间进行切换。

影响阶梯包括三个部分。

1. 影响层级
2. 假设条件
3. 替代方案

影响阶梯示意图如图1.6所示。

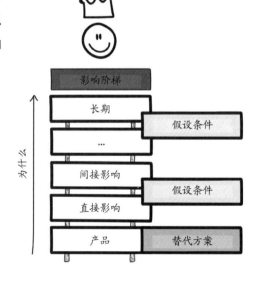

图 1.6　影响阶梯

## 影响阶梯

影响阶梯逐层展示了产品或者服务对客户成功的贡献。直接的影响从使用开始：方便、可靠和节省时间。再高一些往往是更便宜或者更好。再高的几个层级，就可以发现战略优势和长远成效。

## 假设条件

如果影响层级已经添加到"影响阶梯"，则可以显示出假设条件。图1.6可视化了一个始终在两个连续的影响层级之间的假设条件，例如产品能够真正节省时间或者成本实际减少。这些假设实际上是风险，通常称为"业务风险"，必须在产品开发过程中进行适当监控。变更、创新和试验应该有监控，用来验证假设。

## 替代方案

最后，还有其他传递影响的方法，因为通常有几种方法可以实现相同的客户影响。通过将替代方案列在相关影响层级旁边，可以在"影响阶梯"中将其可视化。

如果客户组中有两个或者多个完全不同的分支机构，不能只建一个影响阶梯。在这种情况下，对每个分支机构单独建一个影响阶梯，效果会更好。例如，如果无人机还用于其他行业，例如道路养护或者救生员，则每个目标群体都可以有一个自己的影响阶梯。

更多有关影响阶梯的示例，请访问 www.tval.nl。

# 小结

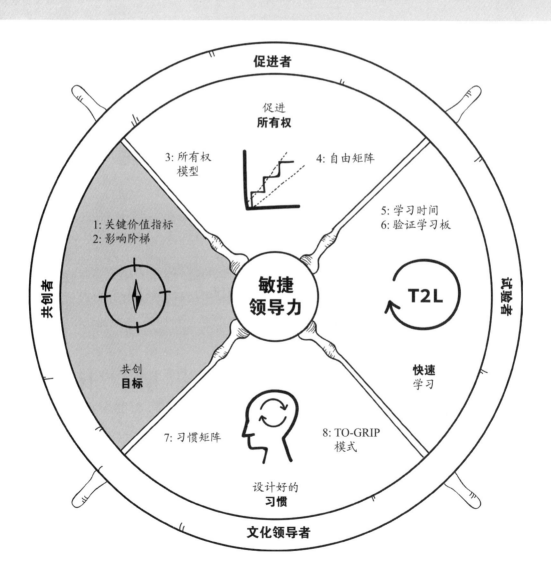

如图所示，方向盘的第一部分阐明敏捷领导者应该如何共创目标。敏捷团队在复杂的环境中运作，市场、技术、竞争对手和客户的愿望变化如此之快和不可预测，以至于团队需要一种新型目标来指明方向。在静态或者缓慢变化的市场中，可以相对容易地通过量化产出来衡量员工和团队的绩效，产能高的员工或者团队比其他人有更高的绩效。但是，敏捷团队不同的，在应用程序中提供更多的功能或者处理更多的电话并不一定能够提高效率。因此，需要一套不同的目标来衡量他们的表现，并能够给他们指明方向。这些新型目标使"赢"的含义变得切实而具体。因此，这些目标将表明团队何时才能算是真正获得了成功。

敏捷团队需要一个明确的、鼓舞人心的目标。这将聚焦于总体目标，并使他们能够在发生意外时更改计划，例如，事先并不知道竞争对手会做什么、新技术如何充分利用以及团队的动力是什么。为了找到解决方案，拥抱机遇并寻求团队协作，团队需要找到他们要达到的目标。这时，应该聚焦于外部，应该增加对客户的影响，为公司创造更多价值。

第 1 章介绍了两个实用工具：关键价值指标（KVI）和影响阶梯（Impact Ladder）。KVI 是团队确定他们是否正在创造价值的最重要的指标。该工具体现为单个数字，并以趋势线形式展示，从而使客户影响和公司价值之间的关系能够切实可见。重点是为客户提供更好、更敏捷的服务，从而事半功倍，为公司创造更多价值。

影响阶梯直观地展示了产品和服务如何为客户带来积极的影响，该工具用于澄清困难和复杂的客户场景。

方向盘的其他三个部分加强了共同创造目标这一部分。第 2 章提供了一些实用的工具，可以帮助团队变得积极主动、自豪和充满活力提供进一步的实用工具。在第 3 章中，我们将发现，如果团队正在查看当前的数据，

T2L 之类的工具就至关重要。第 4 章则为目标提供了良好的氛围和健康的组织文化。

## 敏捷领导者作为鼓舞人心的目标的共创者

在复杂且瞬息万变的市场中，很难知晓完美的目标。敏捷领导者和团队共创目标有三个好处。

首先，这个目标可能会更贴合实际，因为有更多的人对此进行了思考。其次，团队将了解目标背后的"原因"，如果需要更改或者改进目标，团队将提出建议和想法。最后且最重要的一点是，团队很可能会受到更多的激励，去实现他们共同创造的目标，而不是外界强加给他们的目标。

在寻找解决方案、实施改进并超出客户期望时，我们对敏捷团队寄予厚望。团队成长并实现目标通常需要大量的精力和毅力，它不再是朝九晚五的日常活动，而是在创造性地寻找解决方案。而且，如果这些解决方案最初不起作用，那就意味着要继续以团队的方式解决问题。这就是为什么敏捷领导者作为共同创造者变得越来越重要的原因。他们要求获得动机技能方面的反馈，学习并成长。找到并改善团队的鼓舞性环境，根据工具构想出最初的版本并不断学习，这是不断改善工具和环境的唯一方法。

要想知道团队是否有一个鼓舞人心的目标，可以通过下面五个 I 来收集反馈。

- 改变。团队是否认为他们可以改变指标？
- 洞察。目标是否切实可见？团队成员是否自己能够更新指标，他们是否想知道最新的指标数字？
- 概念。它是否能够引发概念的延展？它是否能够激发创造性思维。团队拥有一个改进列表，包括概念、创新性和颠覆性的特性。

- 意图。目标的意图也明确吗？团队成员可以说明他们想要实现的目标或者任务吗？
- 影响。它专注于客户吗？

## 具体行动

以下是将第 1 章中的工具、示例和思想付诸实践的一些操作示例。

1. 经常分享自己的抱负和梦想，包括自己和他人的抱负。练习并提升，激发并分享彼此的激情。

2. 询问成功的客户案例。敏捷团队最近是否在给客户带来具体的影响？如果是这样，请进行分享。如果不是，请一起寻求改进。

3. 描绘团队的概况和 KVI，从中了解哪些团队有具体的 KVI 以及哪些团队还需要帮助。

## 学习笔记

# 第 2 章
# 促进所有权

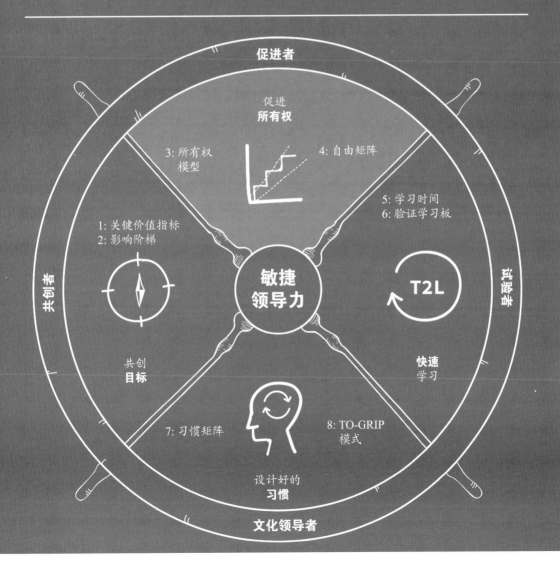

## 2.1 团队何时获得所有权?

"情绪低落,动力不足,无人赏识,这样的工人无法在竞争激烈的世界中获胜。"

——弗朗西斯·赫赛尔本[①]

---

[①] 中文版编注:Frances Hesselbein(1916— ),1976年至1990年出任美国女童子军首席执行官,亲手将这个社会组织打造为德鲁克盛赞的"全美国管理最好的NGO组织。"后来,她成立了德鲁克基金会,致力于NGO领导力的提升,她是美国总统自由勋章获得者。

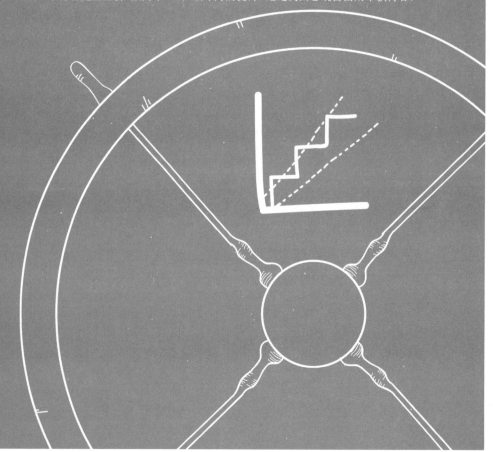

促进
**所有权**

## 开篇问题

1. 如何定义所有权?

2. 什么情况下会很快失去所有权?

## 开篇故事：自由的尺度

今天是星期一早上。Patricia（帕特里夏）来到办公室，看见她的团队正在忙于工作。有些人注意到了她的到来，向她微笑、点头，但大多数人正全神贯注于自己的工作。一些人聚集在白板周围热烈地讨论。另外两个人在屏幕前，正在结对分析最新的网站转化数据，还有几个人正在谈论他们在厨房度过的周末。办公室里充满了活力：每个人都参与其中，他们的肢体语言清楚地表明他们喜欢在一起工作。看到这些，Patricia 感到很满意。

一年前，她开始担任该部门的经理时，情况大相径庭：团队没有精力，没有热情，也没有干劲。几乎每个人都是被动的，大家都只是忙于自己的工作，然后想早一点下班回家。她一提问，团队成员都不说话，尽力闭紧嘴巴。当承诺的日程安排得不到满足时，人们只是无奈地耸耸肩；没有人觉得有权做任何事情。他们的业绩很差，但似乎没有人关心或者提出改进意见。

Patricia 的前任剥夺了团队的自豪感、主动性和创造力，她知道自己必须扭转局面。但 Patricia 需要时间来赢得团队成员的信任，因为团队成员在程序、每日清单和不现实（和错误的重点）的目标方面负担过重。她的前任把团队目标放在填写清单和遵循程序上，他斥责那些不遵守规定的人，即使他们做了正确的事情。当团队成员做了他们认为正确的事情时，他们从未得到过任何认可，团队成员由此倍感挫败并深受打击。但是 Patricia 相信团队成员有足够的技能能够独立完成工作。

事实上，那些工作程序从来没有适用于团队复杂的工作；清单也没有反映工作的诊断程序、动态性，团队成员自己有更好的想法来防止错误和不断学习。拥有清单意味着员工不需要寻找创造性的解决方案，但为了获得成功，创造力是必不可少的。只有共同努力，主动实施改进，他们才能获得成功。Patricia 知道自己永远不会聪明到事先考虑到所有事情，她需要团队成员的所有思维、经验和能力才能成功。

Patricia 决定尝试一些新事物。在她开始工作的几个星期后，她召集了所有员工。Patricia 说明她已经注意到的情况以及她打算在不久的将来准备做什么。每个团队都要经历这个过程：经过短暂的培训，团建活动和研讨会，团队将完全自治。没有了更多的清单和程序，从那天起，团队成员就可以完全自由地计划和协调自己的工作。他们开始负责自己的假期计划、知识传播和招新。他们必须互相提供反馈，而到了年底，团队甚至会自己进行必要的评估访谈。开始，这在部门中引发了巨大的热情和动力，第一个团队成功启动。但是几周后，变化并没有继续，然后，团队慢慢恢复了以前的行为：他们再次变得被动，恢复了抱怨。结果不堪设想，团队没有持久的动力，没有热情，也没有主人翁精神。Patricia 心烦意乱，她做错了什么？她忽略了什么？

事后看来，那是 Patricia 职业生涯中最艰难的时刻之一。她相信自己的部门和新的工作方式，但预期的改善并没有出现。为了挽救这个部门，她不得不部分限制已经给定的自由，从而她收回了部分权利。这打破了她刚刚和许多成员建立起来的微乎其微的一丝信心和信任。承诺和期待已久的自由渐渐消失，人们对前任经理的回忆也变得鲜活起来。幸运的是，发生了一些特别的事情：一些团队确实开始茁壮成长。主动性和所有权出现了，团队开始自己组织工作，实施改进，共享知识！起初，Patricia 不明白为什么会这样。关于这种奇怪的影响，她问了几名员工。得到的清晰的反馈是，改进架构和降低自由度正是团队所需要的。在这些新的工作边界内，他们实际上可以做得更好！

> Patricia 就这样看到了成功的关键：为了激发团队的激情、主动性和所有权，他们不需要太多的自由。相反，他们只需要足够的自由来适应他们的成熟，实际上只需要多一点。她发现，管理团队好比育儿。如果她让 8 岁的女儿一个人生活，她女儿一开始可能会非常喜欢，但很快就会出现混乱，造成女儿根本不喜欢的重大问题和不良后果，因为她的女儿获得的自由超出了她年龄所能承受的。Patricia 开始意识到她的团队也如此：他们需要的正是那种鼓励他们成长的自由，但又不至于混乱和缺乏控制。因为只有在这样的自由度水平上，激情、活力、热情、毅力和创业精神才会产生和成长，团队成员才会互相激励、分享知识、学习、更好地为客户服务，并紧密合作。这种行为和活力正是 Patricia 今天环顾办公室四周时所看到的，而且，这种行为和活力相当有感染力，以至于她能够面带微笑。

## 什么是所有权？

当我使用"所有权"一词时，是指团队自愿获取所有权并对产品或者服务的结果负责。这些团队积极进取，充满激情和活力，能够真正为其产品用户带来影响。他们一起工作，互相提供反馈，展现出韧性，思想开放并不断学习。他们还帮助其他团队成长。作为"企业家"，他们对战略及其实施方式都拥有所有权。此外，他们能够意识到自己必须面对挑战、解决方案和客户。他们觉得产品或者服务在某种程度上更像自己的孩子，让他们感到自豪、有创造力、有活力、有激情和工作满意。

**所有权**：团队对结果负责时的精神状态。他们选择自由和自主地获得所有权。他们积极组织工作，彼此保持透明，不断提高。他们寻求解决方案和协作，而不是寻找借口。

所有权不能强加或者强制执行。这是团队的自愿选择，因为被强迫不会让他们有激情、活力和乐趣。领导者必须给团队赋能，让他们自主。当然，也必须得到奖励和维持。

## 为什么要拥有所有权？

当工作变得复杂、团队必须不断发展以及员工每天必须要找到创造性的解决方案来真正为客户提供帮助时，成功就需要特殊的条件。当每一种情况、挑战和客户过于独特时，人们都需要被赋能，去思考和决策。所有权可以确保他们跳出框框，想出真正可以帮助客户解决问题的创新解决方案。如果出现意外问题、艰巨挑战或者事情出了岔子，所有权可以确保团队感到自己有责任解决，他们不必等待其他人提出解决方案。当他们感到拥有所有权时，就不会把对自己的挑战推给他人。即使遇到困难，这些团队也会继续寻找解决方案并寻找机会。这是至关重要的，因为在复杂的环境中，团队只有通过探索和试验，从失败中学习并不断成长，才能找到解决方案。所有权赋予他们克服意外挑战和障碍的动力。

作为领导者，应该很高兴看到团队拥有所有权。这不仅通常是成功的唯一途径，而且还会给予领导者强烈的满足感。敏捷领导者的工作是创建一个环境，使人们和团队可以成长，一起工作，开怀大笑，建立信任并为客户做成大的事情。微观管理（告诉人们他们必须执行的任务并做出各种细小决定）在这个瞬息万变的世界中不仅太慢，而且也无法让人们人尽其才。它通常会扼杀人们的才智、创造力以及团队内部的协同效应。再次划重点：敏捷领导者可以创造一个工作环境，使员工茁壮成长，并为工作感到自豪。

> 敏捷领导者的工作是创建一个环境，使人们和团队能够成长，一起工作，开怀大笑，建立信任并让他们对为客户所做的事情感到自豪。

## 团队如何处理所有权？

敏捷领导者如何使自己的团队掌控自己的工作？他们不能被强迫接受；他们必须自愿接受。敏捷领导者只能创造一个鼓舞人心的环境并鼓励主人翁精神，让团队拥有足够的自由来适应自己的成熟度，不多也不少。

为了让团队有适当的自由度，敏捷领导者必须知道何时进行干预以及何时不进行干预。如果领导者行动太快，就会让团队觉得不自由，使他们感到沮丧或者受挫。在这种情况下，团队将不会拥有所有权。如果领导者不干预，或者干预得太晚，那么团队就会获得太多自由，导致团队感到迷茫和困惑，自然也不会拥有所有权。

领导者如何识别是必须放手还是应该干预并采取行动呢？敏捷领导者对此感到犹豫，因为每个团队都不相同，并且团队也在不断变化和成长。达到适当的平衡意味着要回答以下五个问题。

1. 最好什么时候介入？什么时候放手？

2. 团队成熟度如何？

3. 典型的团队如何成长？

4. 边界如何与成熟度对齐？

5. 所有权模型什么时候起作用，什么时候不起作用？

为了帮助回答这些问题，敏捷领导力工具箱中的第三种和第四种工具非常有用：所有权模型（可视化团队需要获得真正所有权的形象表述）和自由矩阵（Freedom Matrix），具体说明团队拥有哪些特定的自由以及何时实现。相关详情稍后会详述。首先，我将说明敏捷领导者作为引导者的作用。

## 敏捷领导者作为引导者

在敏捷领导力工具箱的第二部分中，敏捷领导者的角色是引导者。

引导者是积极支持团队取得成果的人。引导者可以帮助团队理解共同的目标，也可以帮助计划达到预期的目标。同样，所有权不能强加于团队。不能通过告知（或大喊）"团队必须拥有所有权"来建立所有权。成功的敏捷领导者会询问他们的团队，团队需要什么才能自愿获得所有权。他们开诚布公而且充满激情，他们分享自己的动机，说明为什么他们希望自己的团队拥有所有权，不是为了自己或者权力，而是因为他们知道所有权在这个复杂的世界中有多么关键。

务必以引导者的心态来使用这一章所介绍的工具。通过改善团队的工作环境，领导者可以积极改善所有权，从而提高团队的成功率。但是，要想知道环境中发生了什么变化，他必须要求团队保持坦诚的态度。需要更改、添加或者删除哪些内容？例如，他们是否需要在某些主题上有或多或少的决策权？他们需要雇用一个领域专家吗？他们是否需要特定主题的相关培训或者指导？是否需要告知另一个团队他们提供的产品质量太差？

另一方面，领导者很难对团队的实际需要作出正确的假设。同样，照搬另一个团队的经验，也无法使其拥有所有权。

通过公开询问团队需要什么来增加所有权，并以此来促进所有权。敏捷领导者实际上可以创造这样一个环境，让优秀的团队主动性更强、自豪感更强、创造力更强并以超出预期的状态工作。

领导者可以培养以下技能来改进促进技巧。

- **强有力的问题**。强有力的问题可以提高创造力，促进诚实和透明，激发创造性思维并专注于结果。通过提出有力的问题，邀请团队采取行动，发现解决方案并使事情变得清晰明了。禁不起推敲的问题通常是激进的、不负责任的或者只是直接针对解决方案的修补。这些问题会引发一种束手无策的心态，寻找借口，抗拒变革或者感到不公平。强有力的问题与提供帮助有区别，通常在于，帮助者（提出问题的人）正在完成大部分问题的解决以及解决问题的实际工作。相反，好的、有力的问题会让团队感受到自己也可以解决当前的挑战。强有力的问题示例如下。

- 有什么可能性？
- 你想知道什么？
- 什么角度？
- 如果能有真正的收获，你会有什么不同？

● **内省**。团队的行为反映了敏捷领导者创造的环境。没有人会期望这样的工作："今天，我想要不开心，骂人，不信任我的老板。"当人们眼中对所有权没有所谓的的希望时，并不是因为他们想那样，而是因为我们敏捷领导者没有营造出一个合适的工作环境。改善环境来自于作为敏捷领导者的自我反思。换句话说，更好地促进所有权意识与更好地反思自己的行为，两者是齐头并进的。我做错什么了？我可以做些什么？为了帮助团队取得所有权，我需要多（少）做哪些事？我是否有勇气开诚布公和坦率地请团队对我的领导方式进行反馈？

● **团队流程**。优秀的团队会将彼此的想法反映、修改和放大为更好的想法，寻求协同效应来产生更好的结果。他们在一起比团队成员个体更聪明。建立这种令人敬畏的团队是一项很难掌握的技能。我常用的模型是 Patrick Lencioni[①]提出的团队五大功能

---

① https://www.tablegroup.com/books/dysfunctions

失调模型。[①]它完美地说明了团队从个人成长为高绩效团队所需要的东西。第二个层次"害怕冲突"特别有趣和鼓舞人心,但也很难。

- **团队成员技能提高**。成功的敏捷团队中,人员具有多种技能,这意味着他们掌握了不同的专业知识领域。他们需要一个这样的环境:不仅能够促进知识转移和技能发展,而且需要能够激发他们在多个专业领域成为真正的工匠。开发软件的敏捷团队需要团队中的工匠具备持续部署、性能测试自动化或者网络安全等专业知识。营销团队需要社交媒体、SEO、潜在客户生成自动化或者情感营销方面的能手。作为敏捷领导者,不可能成为团队需要的所有专业领域的专家。因此,成功的敏捷领导者会问哪些团队需要提高技能,然后运用这些信息来帮助团队改善环境。因此,团队可以在这样的环境中工作:他们可以成为其各自专业领域内的大师,并根据需要开始成为新领域的专家。

---

① 帕特里克·伦西奥尼,代表作有《团队协作的五大障碍》。

## 2.2 什么时候介入(放手)最好?

"放手还是不放手,这是个问题。"

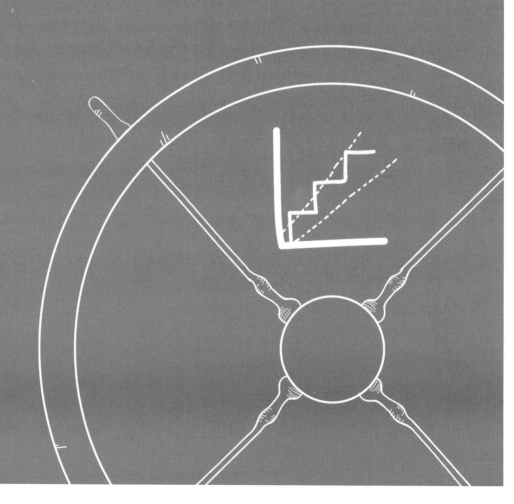

## 开篇问题

1. 哪些团队提供了拥有所有权的真实示例?他们有哪些行为表现?

2. 你倾向于太快干预还是放手太多?怎么知道如何与团队更好地互动?

如果管理者适当地平衡自己的干预措施并且不采取其他任何措施（坐下来而不干预），团队就能拥有所有权。但是，总是很难确切地知道应该怎么做。如果团队的业绩不佳，应该采取行动吗？当团队自己提不出解决方案时，应该进行干预吗？如果有才能的员工离开团队或者如果客户和利益相关者抱怨结果，应该怎么办？当你认为团队即将犯下重大错误时，应该介入吗？你什么时候应该什么都不做？如何给团队提供学习和成长的空间？

进行干预是否是明智的决定，取决于团队的成熟度。

一个成熟度高的团队能够独立组织自己的工作并取得巨大的成果，但一个刚刚起步的团队仍然需要很多帮助、指导和支持。如果团队非常成熟，而敏捷领导者很少给予自由，并且经常干预，那么团队将会变得沮丧和被动，再也不会主动提出解决方案。优秀的成员会离开，如果不离开，他们就会被动地做被要求做的事，结果导致低质量和高风险。团队实际上需要更多的空间，这时，管理者应该进一步放手。

另一方面，如果一个新组建的团队（一个起步的团队）还在思考如何合作时管理者就给了太多的自由，也不会起作用。团队会感觉迷失了方向，不知道自己该做什么，也无法评估风险。团队本身无法提出解决方案，因为他们缺乏足够的知识，这也会导致优秀成员的离开。留下来的成员则由于方向不清晰而感到沮丧，他们会陷入被动，最后导致质量低下和高风险。尽管结果相同，但团队需要的空间应该更少，管理者必须通过增加边界和提供具体帮助来进行干预。

知道何时放手和何时介入，这是一个艰巨的挑战。完全被动，低质量，员工离职，不见任何改善这些信号可以帮助敏捷领导者判断最好干预还是该放手。他必须先了解团队的成熟度，才能知道他们能够拥有多大自由度的所有权。但是最大的问题是，如何确定团队的成熟度？团队成员可以自己决定吗？怎样才能够知道？经验表明，只有共同讨论才能找到答案。所有权模型有助于促进讨论，从而能够明确指出是有必要进行干预还是放手。

## 工具 3：所有权模型

所有权模型（Ownership Model）可视化了团队的自由度与成熟度之间的关系。它由横竖两个轴、两个糟糕区域、一个良好区域和一个"楼梯"组成。只有团队的自由度和成熟度达到平衡，团队才能拥有所有权（图 2.1）。

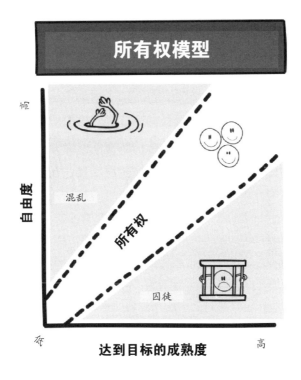

图 2.1　所有权模型

## 横轴：达到目标的成熟度

成熟度表示一个团队在多大程度上能够独立组织自己的工作、向客户交付有价值的产品和服务以及团队在多大程度上能够自组织，从而提升对客户的影响。

一个成熟度高的团队可以做到以下几点。

- 规划和调整自己的工作
- 向客户提供高质量的产品和服务
- 不断改进自己的流程
- 从客户那里获得反馈以施加影响
- 与组织内其他成员自主合作
- 相互反馈，提高自己的技能和能力

与之形成鲜明对比的是，成熟度低的团队仍然需要敏捷领导者的帮助才能达到同样的结果。成熟度低的团队仍然需要敏捷领导者来指导他们的计划和调整工作、制定团队协议、安排假期日程、互相反馈以及管理利益相关者等。

## 纵轴：自由度

自由度描述了团队相对敏捷领导者的独立程度。自由度较低，他们的许多问题都需要协调和批准，并且需要在第一时间提供给他们许多详细信息。而如果具有高度的自由，他们就可以独立安排事情。

例如，自由度高的团队可以有以下行为表现。

- 自己做出许多决定，并承担后果。
- 管理自己的利益相关者。
- 不断改进流程和与其他团队的合作。
- 解决自身的障碍和挑战。
- 继续在本组织的其他工作范围内开展工作。

自由伴随着责任和后果。当领导者基于最佳意图消除团队选择带来的负面影响时，团队将表现出较少的自主权，因为他们不再对自己的行为承担责任。当他们不为自己的选择负责或者不承担自己的行为后果时，他们作为一个团队就感受不到集体的痛苦，也不会像以前那样迅速改进，得不到成长，能力也得不到充分发挥。如果这种情况持续很长一段时间，他们的能力会降低。

为了说明一个团队拥有很大的自由度并且能为自己的行为承担后果，请看后面的示例。一个高度成熟的客户联络团队向客户提供了不好的建议，导致客户非常不满意。在过去，管理者会处理这个问题，道歉并寻求解决办法。现在，这个团队自己解决了这个错误。他们决定，为了补偿客户，他们计划在客户需要的产品上提供折扣。提供这个折扣时，不需要得到许可。因为团队能够独立纠正错误，信心和主人翁意识因此而得以增强，他们对自己解决问题的方式感到自豪，并会主动思考解决方案以免将来再发生这种情况。尽管不得不更加努力工作来纠正这些后果，但他们的技能和自信还是得到了提升。

## 两个糟糕区域

当自由度和成熟度不平衡时，就会陷入两个糟糕的区域。

- 太多自由而生混乱。如果给团队的自由度超过了他们的成熟度，他们就不会拥有所有权。团队会感到迷茫，因为机会和不确定性太多，他们会缺乏做出有效选择的视角。因为无法充分预见自己选择的后果而最终导致混乱，他们会感到挫败并且情绪低落，公司其他部门可能也会受到波及。

- 自由太少而成囚徒。如果团队的自由度低于他们的成熟度，他们就会觉得被环境束缚或者禁锢。他们将缺乏发挥主动性的空间，只会服从命令，无法作为一个团队去成长和提升自己的工作方法。因此，他们也会感到挫折并且情绪低落，这可能会影响他们提供的产品或服务的质量及其客户满意度。

## 良好的区域

良好的区域位于中间（图2.2），在该区域中，成熟度和自由度处于平衡状态，可以为团队提供清晰的思维、界限和空间，让他们施展自己的才华。这些是团队拥有所有权的理想条件。

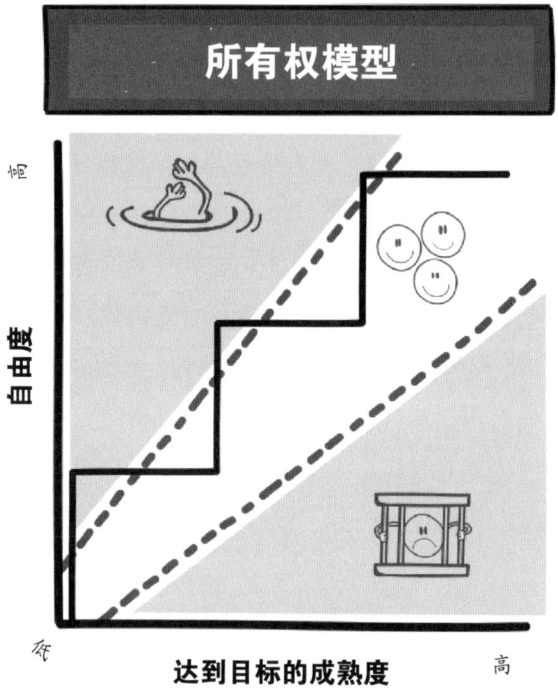

图2.2 所有权模型

所有权不取决于成熟度。实际上，即使团队成熟度低，只要团队有适当的自由度，所有权也仍然可以实现。他们所需要的只是比他们当前成熟度稍微多一点的自由。

## "阶梯"

可以将"阶梯"添加到所有权模型中（图2.2）。良好的区域中，楼梯将团队的成长过程形象化。团队获得了更多的自由，使团队成员可以不断成长；然后他们又获得了更多自由，因此可以进一步成长。这就是为什么楼梯先上升，接着向右平趋，然后再上升的原因。楼梯处在混乱区域的边缘，这真的很重要。团队将获得更多自由，这对他们边做边学至关重要。例如，他们可以自己管理利益相关者，但仍然必须学习如何能够以对的方式做到这一点。或者，他们可以自己确定改进主题的优先级，但仍然必须发现如何以最佳方式来改进。

干预或者放手的时机与自由度与成熟度是否匹配相关。然而，决定团队准备有多大的自由，意味着首先需要知道团队有多成熟。下一节将说明管理者如何确定这一成熟度。

## 2.3 我的团队有多成熟?

"不需要领导。"

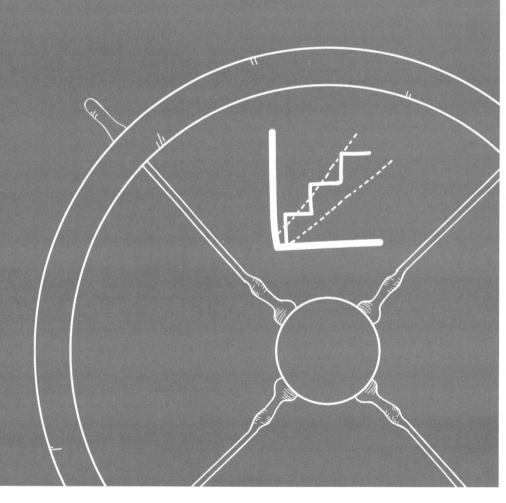

## 开篇问题

1. 你的哪些团队成熟度高?

2. 你和你的团队是否明确希望达到高成熟度?

了解团队成熟度的目的不是比较或者评判团队。成熟度并不表明一个团队就比另一个团队更加优秀。相反，它只是团队一个即时的"快照"，它可以帮助每个人了解对指定团队的期望。同样，了解成熟度级别的目的是使团队的自由和自主能够相应地保持一致，从而获得所有权。或者更好的办法是，给予他们进一步发展所需要的自由和自主，这确实可以推动他们赢得所有权。所有权对自管理团队至关重要，它使团队变得积极主动，就像当地的企业家让产品和服务变得更好一样。

因为该模型会针对"楼梯"的每个步骤指明需要实现的目标，会使团队的成熟度变得很清晰。一旦团队和敏捷领导者通力协作，成长阶梯逐步清晰起来，他们的总体期望就会对齐。这样，团队的成熟度就可以分为几个阶段。随后，可以在每个阶段指明团队需要达到什么目标，从而来证明是否达到了这种成熟度，使得团队的成熟度可以衡量。由此，利益相关者、其他团队和敏捷领导者的期望才能够得以对齐。

## 成熟度阶段

团队对成熟度阶段的选择，应该避免对不同团队进行比较或者评判。成熟度阶段可以用不同的方式命名（图2.3）。

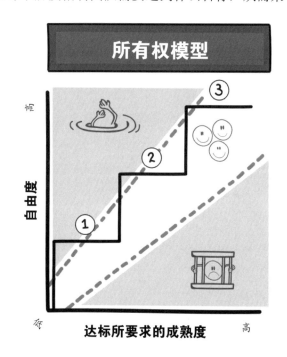

图2.3 所有权模型中的成熟阶段

团队可以采用以下信息。

- 名称或者标签,例如"初级"或者"高级"。
- 多颗星,例如 0 星、1 星、2 星或者 3 星团队。
- 诸如"山寨""别墅"和"摩天大楼"之类的名称。
- 数字,例如"大本营""1 号营地""2 号营地"和"最高"

敏捷领导者与团队一起,定义每个团队在进入下一阶段前必须要实现的目标;如果这些目标无法衡量,解释上的差异就会导致所有权消失。但如果不能定义团队如何实现自己的目标,所有权也会消失。因此,还必须清楚团队必须要实现什么,而不是只规定他们如何做。目的是让团队更聪明地工作,取得更多成就,而不是更努力地工作,做得更多。与运动队一样,成熟度是由比赛成绩来衡量的:他们赢得了多少场比赛,而不是由他们成功传球或者控球率的百分比来衡量的。在当前比赛中获得冠军后,他们将晋级,参加下一级水平更高的比赛。如果他们真的很棒,就会赢得联赛冠军。

不同组织可以使用不同的所有权模型。例如,软件开发团队可以采用这里介绍的方式展示他们的成熟度。由团队本身、产品负责人和团队最重要的利益相关者这 3 个小组每两周测量一次团队的满意度水平。如果团队在 3 次连续冲刺(Sprint,Scrum 术语,相当于迭代)中获得 3 个小组中的至少 7 分,他们就可以成为 1 星级团队。一个 2 星级团队在架构上将获得更高的满意度:7.5 分。3 星级团队获得 8 分或者更高。此外,还为 2 星级和 3 星级团队增加了额外的条件:一个 2 星级团队必须知道并且能够保持他们的 KVI(参见第 1 章);3 星级团队则必须能够展示他们 KVI 的增长趋势线并能够每天自动向客户发布。

## 其他指标

除了满意度之外，其他指标也可以形象地展现"精通"。例如，每个团队成员的毛利，每季度新的大客户数以及销售转换数字。另一个例子是每 1000 个客户的手动操作数量，手动操作越少，团队的可扩展性越大。

在实践中，通常很难将团队的成熟度适当地划分为多个阶段。为此，了解什么是可识别的成熟阶段很有用。接下来，我将说明大多数团队的成长方式。

## 2.4　典型团队如何成长？

"领导的勇气就是让别人有机会取得成功，即使他们失败了，领导也要勇于担责。"

——西蒙·斯内克（Simon Sinek）[1]

---

[1] 中文版编注：因发明黄金圈法则而出名。他的 TED 演讲"伟大的领袖如何激励行动"是 TED 大会最受欢迎的十大演讲之一。

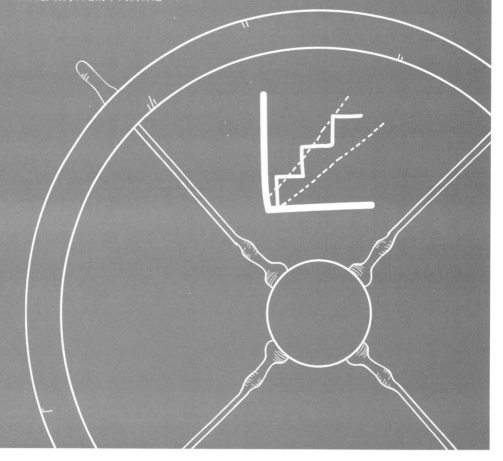

**开篇问题**

1. 你更喜欢为团队设计合适的环境,还是渴望成为团队的一份子?

2. 你有耐心让一个团队成长吗?

在过去的几年里，我看到了多个团队的成长。我注意到，许多团队都经历了几乎相同的成熟阶段。这些阶段如表2.1所示。

表2.1 成熟度阶段

| 序号 | 阶段 | 描 述 |
| --- | --- | --- |
| 0 | 开始 | 出现合作 |
| 1 | 输出 | 团队给出可靠的预测，管理其利益相关者，通常言出必行 |
| 2 | 质量 | 团队提高了他们的技艺水平和精通度。他们使用这些方法来实现高质量交付 |
| 3 | 扩展 | 该团队与其他团队紧密合作，并促进了多个团队之间的协同 |
| 4 | 影响 | 多个团队更敏捷地工作。他们合作创造更大的客户影响。他们成为客户值得信赖的顾问 |

成功的敏捷领导者会根据团队的成熟阶段来调整自己的行为。领导者要能够认识到团队的成长，这非常重要。以下是对团队不同成长阶段的说明。

## 阶段0"开始"

在初始阶段，团队的重点是建立各个成员之间的合作关系。团队成员忙着彼此了解和熟悉环境，学习如何合作。敏捷领导者在这个阶段的角色只是管理。在这个阶段，如果团队中有一个负责人能够帮助安排和协调，团队就会发展得更快。团队需要明确和透明的工作待办、团队协议、短期目标、工作指示和假期计划。如果敏捷领导者处理好了这些问题，团队就会有一个合适的环境来协作、建立信任并获得经验。这个阶段的团队通常还不够成熟，无法对利益相关者管理好自己的优先级，因此，如果敏捷领导者能够明确谁来确定优先级以及总体优先级是什么，将对团队有帮助。然后，领导者可以指导团队对利益相关者的期望和满意度进行管理。同时,敏捷领导者要负责指导团队逐步独立做计划和给出真实的反馈。

## 阶段 1 "输出"

为了达到成熟度的第一个阶段"输出",团队必须表明他们能够规划好自己的工作,能够有效地管理利益相关者的期望,并且能够以可靠的方式来满足这些期望。为此,团队成员需要了解彼此的能力,他们对自己能够合理完成的工作有客观的认识,并对达成的协议负责。他们还互相反馈每个人对结果的贡献、行为、彼此的态度和能力。他们还清楚他们希望向客户提供哪些影响。

随着团队独立性的提高,敏捷领导者在这个阶段越来越成为团队的引导者。他为团队做出的选择决定越来越少,而是引导他们做出自己的选择。领导者分享自己的经验和见解,激励团队发展自己的知识和技能。此外,领导者还指导团队对客户进行影响,进一步澄清相关 KVI。领导者仍然在正式管理团队,但他鼓励团队自己做出决定,并给予团队犯错误和从经验中学习的自由和许可,甚至允许团队质疑敏捷领导者的意见,以同行的身份讨论问题,提供合理的反对意见以及批判性地思考和行动。

## 阶段 2 "质量"

为了达到成熟度的第二个阶段,团队必须能够证明他们正在不断提高工作质量。团队成员对自己的才能和技艺有了深入的了解并且相互反馈自己技能的质量和成熟度。他们分享知识,或者参加培训和教育来提升技能。敏捷领导者基本上已经成为引导者。他几乎不需要说什么,有时候,他也缺乏指导团队提高素质必要的知识和经验，并且，他与团队的日常工作越来越脱节。

## 阶段3"扩展"

为了达到成熟度的第三个阶段"扩展"，团队必须能够证明他们可以与其他团队合作、协调和建立协同。团队能够辅导、教练和引导其他团队提升自己的成熟度。同时，他们也愿意向其他团队学习和接受其他团队的指导。团队一起提高技能、创新力和质量。他们在团队之间有趣的、合作的、诚实的和知识共享的建设性氛围中进行工作。这些团队在各自的才能发展过程中相互激励，并要求其他团队对所达成的协议和承诺负责。

敏捷领导者现在完全专注于协作环境。他会鼓舞、激励和奖励团队合作。他负责消除阻碍协同效应和有效性的障碍。日常工作不再需要敏捷领导者，他授权团队更快向客户学习（第3章），提升对客户的影响。

## 阶段4"影响"

为了达到成熟度的第四个阶段"影响"，多个团队需要证明他们合作良好并在不断改进。他们的联合决策是妥当的，他们已经实施了改进，并与客户测试了创新想法。他们表现出了应有的水平，他们会拒绝那些对更强客户影响没有（足够）贡献的工作。他们从客户那里获取快速反馈（第3章），使他们能够继续更敏捷地工作。敏捷领导者现在完全变了，几乎变成了仆人的角色。现在已经没有什么等级制度了，领导者实际上只是在引导文化（第4章）。他激励团队不断成长，不断挑战自我，不断挑战极限。

## 之后呢？

在第四个阶段之后，团队的表现超出了同行标准。营销、销售、支持人员和开发团队紧密合作，共同走向成熟。通过协作，他们的水平超出了同行的标准水平，他们在大的公司里类似于一个小公司。这些团队像真正的企业家那样，获得了整个"小公司"的所有权：从市场定位到定价策略，从销售到支持。

# 2.5 如何使边界与成熟度对齐?

"因为我们所有人都遵守交通规则,右侧行驶(例如,不要逆行)、红灯停并遵守速度限制,所以,规则实际上是增加自由和自治!"

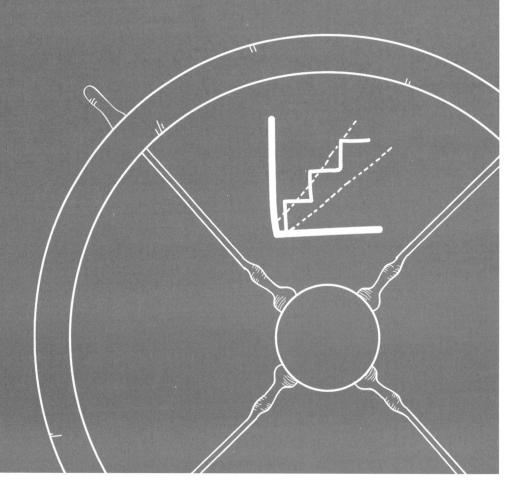

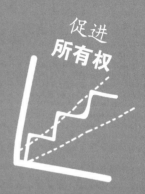

## 开篇问题

1. 成熟度高的团队最终可从领导者那里获得多少自由?

2. 需要哪些边界来增强团队的自由和自主?

与刚起步的团队相比,成熟的团队需要更广泛的范围和更少的边界。为了最大程度增强团队的所有权,敏捷领导者必须让边界随着成熟度的提升而不断扩展。但什么样的边界是合适的?边界自由度有哪些具体的例子?是否有拥有完全自由成熟度的团队?或者,自管理团队是否仍然需要边界?

## 具象化的扩展边界

通过逐步扩大,敏捷领导者使团队愈发清晰明了边界。重要的是要保持边界清晰和步骤透明,因此,在零自由(敏捷领导者规定事项)和完全自由(团队可以独立确定和规范一切)之间必须有多个步骤。第一步可能是团队与领导者进行头脑风暴,但领导者仍然在做决定;下一步可能是团队和领导者共同做出决定;接下来的步骤可能是团队在咨询管理者之后做出决定;最后一步可能是团队甚至不必将选择的情况告知领导者。这是逐步扩大边界具体和实际的做法。

针对每个主题(topic)或者话题(theme),自由度都是不同的。有些话题甚至给一个起步团队很大的自由度,有些话题甚至给一个高成熟度团队很小的自由度。例如,一个起步团队通常可以安排自己的假期计划,而一个成熟度高的团队不能给自己无限加薪。诸如改进预算、团队构成和评估等话题,需要有随着团队不断成熟而逐步放宽的边界。在实践中,往往很难确定这些主题的自由度。这是因为,一方面,一个话题必须分成几个议题,另一方面,对自由的期望因人而异。基于此,我开发了工具箱中的第四个工具:自由矩阵。我将首先说明如何分割主题,然后介绍自由矩阵。

## 主题示例 1：团队构成

"团队构成"这一主题的自由很难具体化，因为它包含各种话题。例如，基于空缺来雇佣团队成员、在两个或多个团队之间调换团队成员、与外部员工签约以及解雇员工。每个方面的自由必须取决于团队处在哪一个成熟阶段。例如，初级团队可能会调换团队成员，但不能根据空缺来自主雇佣新成员，团队只有在成熟后才能获得这种自由。问题是，放手让成熟度高的团队自由解雇同事是否明智。

## 主题示例 2：评分

员工考评的自由包括多个议题，例如非正式反馈、正面评估、负面评估（后果）以及确定奖金分配或者加薪等。对于每个议题，最好每个成熟阶段都有自由，是明智的。初级团队也能马上学会互评。在预算不变的情况下，一些高成熟度的团队可以确定成员之间奖金的分配和是否加薪。

## 工具 4：自由矩阵

边界必须具象化。并且，随着团队成熟度的增加，自由度也必须逐渐增加，自由矩阵（Freedom Matrix）有助于此。该工具基于尤里根·阿佩罗（Jurgen Appelo）[1]开发的管理 3.0 中的授权版[2]。自由矩阵将团队的成熟度与团队在特定主题上可获得的自由关联起来。通过这样的处理，敏捷领导力工具箱的第四个工具明确了团队在什么时候应该获得哪些自由。

---

[1] 中文版编注：有 IT 技术背景的荷兰作家，代表作有《管理 3.0：培养和提升敏捷领导力》《幸福领导力》《向上一步：精益敏捷中的增长思维与实践》。
[2] https://management30.com/practice/delegation-poker/

因此，对自由的期望变得明确起来，可以加以讨论和改进。自由矩阵如图 2.4 所示。

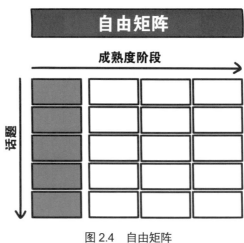

图 2.4　自由矩阵

## 横轴：成熟度阶段

如前所述，成熟度阶段可以指定为初级、中级和高级团队，或者 1 星级、2 星级和 3 星级团队等。

## 纵轴：话题

每个具体项目使用单独的一行。这些可以是前面提到的话题：在不同团队之间调换团队成员、提供非正式反馈或者发布招聘信息。

## 单元格：自由度

在单元格中，依据给定的成熟阶段清晰地标示出自由度。这些自由度已经切分为步骤或者层次。这样一来，团队可以在成长过程中逐渐获得更多自由。

0. 主管决定并通知团队。

1. 与团队进行头脑风暴后，主管做出决定。

2. 头脑风暴后，管理者和团队共同做出决定。

3. 与管理者进行头脑风暴后，团队做出决定。

4. 团队做出决定并通知管理者。

5. 团队做出决定，不主动通知管理者。

自由并不一定总是随着成熟度的增长而增加。保持自由不变是明智的。初始的团队或者初级团队也可能马上就获得最高的自由。

## 自由矩阵的例子

图 2.5 是自由矩阵的示例。

| 自由矩阵 | 初级 | 中级 | 高级 |
|---|---|---|---|
| 面试 | 3 | 4 | 5 |
| 二千美元的投资 | 3 | 4 | 4 |
| 解雇 | 0 | 1 | 1 |
| 奖金分配 | 0 | 2 | 4 |

图 2.5 自由矩阵示例

示例一：团队面试。在这个例子中，初级团队可以获得自由度 3 来处理新团队成员的面试，这意味着他们在做决定之前必须咨询管理者并征求他的意见。中级水平的团队可以根据职位空缺来面试、筛选和选择新的团队成员，他们只需要让管理者知道最后的决定。

示例二：团队会得到每季度 2000 美元的投资预算。一个初级团队在花预算之前仍然需要征求管理者的意见。中高级团队只需要告知管理者钱要怎么花。

示例三：解雇成员。解雇队员仍由管理者负责。对于新手团队，管理者只是告诉团队他为什么解雇了一个人。对于更成熟的团队，管理者在做出决定前要与团队进行头脑风暴或者咨询。

示例四：奖金分配。在本示例中，团队获得了季度奖。对于初级团队，管理者负责奖金分配。但高级团队可以自己决定如何分配奖金。管理者只需要告诉团队他们有多少奖金可以分配。

## 2.6 所有权模型什么时候有用？

"成功的定义，对我来说，相当简单。不是在于财富、名声和权力，而是在我的周围有多少双闪亮的眼睛。"

——本杰明·赞德（Benjamin Zander）[1]

---

[1] 中文版编注：英国指挥家，波士顿爱乐乐团音乐总监。在他45岁的时候，有20年指挥经验的他突然认识到一点："指挥家的影响力来自于激发他人潜能的能力。"[4]

## 开篇问题

1. 团队为什么想要变得更成熟?他们得到了什么回报?

2. 哪些员工敢给你提供诚实有力的个人反馈?

所有权模型需要满足一些条件后才能起作用。

## 团队需要一个具体的共同目标

团队只有清楚目标，才能实现自组织。没有具体和共同的目标，团队成员将无法进行工作，团队也不能称之为团队，他们无法取得所有权，而导致交付给客户的价值受损。

KVI 为团队提供了一个具体的共同目标来取代个人目标。一个单一而具体的共同目标可以帮助团队同心协力去实现它。简而言之，KVI 有助于团队取得所有权。随着团队的不断成长，需要的边界更少，但是范围更广。

## 团队应该能够向领导者公开反馈以保持所有权

团队必须能够完全了解事情的进展，了解什么可以给他们赋能以及什么使他们感到沮丧。如果没有公开的反馈，包括关于敏捷领导者的反馈和对彼此的反馈，团队就会变得被动而表现出不信任，并且这会进一步抑制他们进行反馈的意愿。这种环境将扼杀所有权。为了创造一种开放反馈、信任和学习的文化，有效的敏捷领导者必须树立正确的榜样。他们需要让自己能够接受反馈，即使是批评。敏捷领导者需要对自己的错误和缺点敞开心扉，向团队寻求帮助，这样才能不断成长。敏捷领导者要表明自己的特长，但也要表明他们缺乏什么天赋或者技能。他们以一种开诚布公和幽默的方式谈论自己的错误，这样做可以确保团队其他成员也可以放心这样做。这是一种滋养所有权文化的开端。

## 团队需要专注于更敏捷地工作

如果团队必须更加努力工作才能取得更好的结果，会导致他们没有时间来学习和成长。成熟度高的团队会巧用软件来部分或者完全自动化交付过程。这样做可以使他们增强客户影响，同时留出时间来持续改进。高效率领导者应该根据团队取得的成就而不是根据团队的工作量来评估团队。例如，团队的目标应该是提高客户满意度、增加客户使用量或者提高利润率，而不是增加客户致电次数、交付次数或是新功能的交付数。

## 客户点赞快

成熟度高的团队提供的服务及其所做所为往往都有很高的客户满意度。如果团队能够快速定期收到客户的反馈，也将快速领悟到哪些地方可以改进。敏捷领导者需要帮助团队缩短与客户的学习时间周期（第 3 章）。例如，如果要等上一年才能收到对团队当前工作的反馈，则几乎不可能（给团队带来更多价值）给团队带来更多的自由。

## 敏捷领导者需要避免年度员工反馈计划

当敏捷领导者刚开始使用所有权模型时，通常会陷入仪式性的年度反馈和评估周期中。在事件和反馈之间的时间中，往往错失改进的机会。反馈和评估必须连续进行，以实现持续的改进。

## 坚韧

通常，当领导者开始使用所有权模型时，会引起很多关注。但随着时间的流逝，这种关注往往会减少。高效率敏捷领导者会表现出坚韧，连续几年保持这种专注。成长和培养团队并持续改善环境可能需要大量的时间，可能几个月都没有进展。对于敏捷领导者来说，关于团队最重要的重点应该是他们是否仍然拥有所有权。他们应该一直思考："我应该怎么改善团队的环境？"而且，不应该只限于前几个月中，相反，敏捷领导者应该持续保持这种韧劲儿。

# 小结

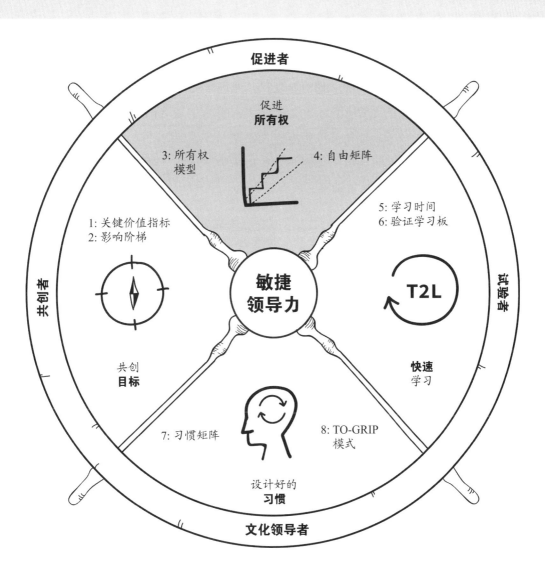

在敏捷领导力罗盘的第二部分，我们探讨领导者如何助力团队取得所有权。自管理团队需要有自主精神才能实现其雄伟的目标。当团队有了责任感并勇于对其产品和服务的结果负责时，实际上就已经取得了所有权。拥有所有权的团队与普通团队不同，他们积极进取，充满热情和活力，可以为客户带来积极的影响。他们一起工作，互相反馈，思想开放，乐于学习。他们帮助其他团队成长，他们还自主制定战略，自主实施，他们深刻理解自己必须得面对挑战、解决方案和客户。所有权使得团队工作热情，有创造力、活力，时常感到自豪和满意。

敏捷领导者不能强迫团队拥有所有权，他们只能创造一个环境来鼓励团队取得所有权并支持他们进一步独立自主。为了创造这种支持性的环境，敏捷领导者必须以团队的成熟度作为依据，在适当的时候介入，在适当的时候放手。如果团队从敏捷领导者那里获得的自由与他们的成熟度相匹配，就说明这个环境滋养了所有权文化。

所有权模型有助于澄清成熟度与自由度之间的关系。自由矩阵提供了一种基于项目的、使自由度与成熟度关系得以进一步可视化和具体化的方式。有关这些工具的具体视图，请参见图 2.6 和图 2.7。

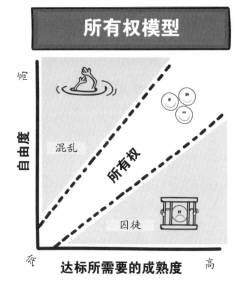

图 2.6 所有权模型

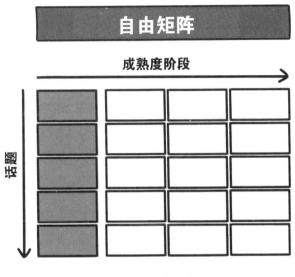

图 2.7 自由矩阵

## 敏捷领导者助力团队取得所有权

当工作变得复杂，当团队必须不断成长，团队成员必须孜孜以求，找到创造性的解决方案来真正帮助客户时，需要取得所有权，这是取得成功的关键。所有权使团队有创造性，可以开发出客户喜欢的创新解决方案。这些团队不会等待其他人提出解决方案，也不会责怪环境，他们一直在寻找更好的解决方案和新的机会，以便更好地为客户服务。

敏捷领导者最重要的职责是创造一个可以助力团队取得所有权的环境，并在此过程中不断地改进。他在以下几个方面会变得越来越熟练。

- 向团队提出强有力的问题。强有力的问题可以提高团队的创造力，促进诚实和透明，激发创造性思维，并专注于结果。通过提出强有力的问题，团队可以采取行动，发现解决方案。

- 自我反省。团队行为是环境的一面镜子。没有人会对自己的工作产生这样的想法："今天，我想讨人嫌，我想批评别人，我不信任我的老板。"当人们眼里没有所有权时，并不是因为他们想那样，而是由于敏捷领导者没有充分改善环境。更好地助力团队取得所有权与更好地反省自己的行为，两者是相辅相成的。

- 团队流程。优秀的团队将彼此的想法反映、修改和放大为更好的想法来寻求协同效应，以产生更好的结果。他们在一起的时候，表现得更聪明，超过了团队成员的个体总和。建立这种令人敬畏的团队是一项很难掌握但至关重要的技能。

- 团队成员的技能发展。成功的敏捷团队中，每个成员是多技能的，这意味着他们需要掌握不同领域的专业知识。他们需要一个环境来促进知识分享和技能发展，让他们成为真正精通多个专业领域的工匠。

## 实际行动

第 2 章中的工具、示例和想法有以下这些实际应用。

1. 明确你对高成熟度团队的期望。分享你对一流团队的愿景，要尽可能具体，可扩展。

2. 要求在自由方面做出具体的改变。让你自己感到惊讶的是，通常情况下，团队自身对自由的需求与敏捷领导者的期望并不相同。

3. 把你对团队成长的期望具体化。你认为团队在未来六个月会经历哪个成熟阶段？帮助他们思考他们需要从自己和你那里得到什么。

4. 让团队对成熟度的增量改进成为团队回顾的焦点。除了改进团队的工作方式,把关注团队的成熟度持续提升作为团队回顾中最重要的一部分。

## 学习笔记

# 第 3 章

# 快速学习

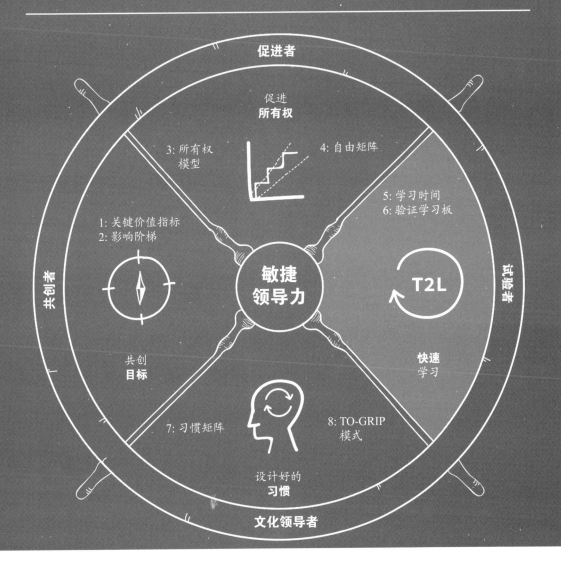

# 3.1 如何知道团队在做正确的事情?

"只有准备好餐点并亲口品尝之后,才知道食谱好不好。"

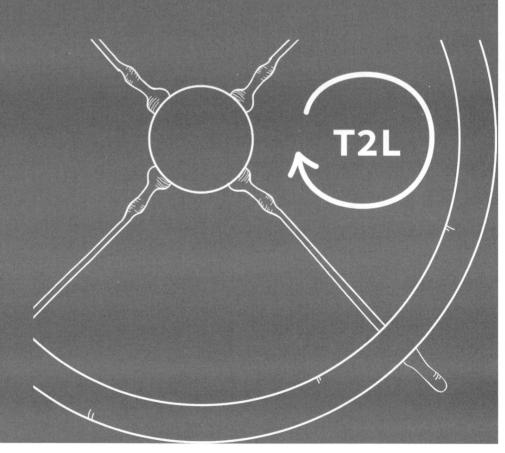

**开篇问题**

1. 有什么证据可以证明团队正在做正确的事情?

2. 团队什么时候会收到客户的反馈?

## 开篇故事：我以为的？

2005年左右，我开始做一个出色的创新产品Revent，由此开启自己的敏捷之旅，成为一名敏捷领导者。老产品已经问世十多年，虽然是市场引领者，但随时可能被竞争对手所超越。老产品很难再添加新功能，并且工作方法已经过时。我们想要做出革命性的改变来保持市场领先地位，这就是总监立即做出坚定投入新产品决策的原因。幸运的是，我们从他那里得到了来自世界各地的支持。我们有很好的想法，并且坚信这种新产品不仅在荷兰，在国外也很容易击败竞争对手。现在回想起来，我觉得，如果当时采用不同的应对方式，不至于两年后遇到那么大的问题。

我很兴奋，充满热情，我们采用新技术和新方法来创造新产品。我们采用Scrum框架，进行两周的冲刺，这意味着每两周，就有一个新的演示版本（Scrum中的"增量"）向所有利益相关者展示，他们都很满意。几个月后，我们甚至带着产品去客户那里进行新功能的演示。由于采用了Scrum，可以进行版本演示，所以我们感到非常自豪。开始的时候，客户非常热情，并且表示他们非常愿意尽快购买新产品，我们的智能算法可以自动处理各种情况，这给他们留下了深刻的印象。

此外，我们为项目进展采用了一个很好的进度计划进行跟踪，我们与总监举行指导委员会会议，所有已知的关键绩效指标都显示是绿色（符合计划）的。我们甚至收到了客户的测试场景，我们使用这些场景来持续测试新产品。为了进一步提升团队协作，我们在Scrum中举行了临时评估（回顾）。经过两年多的深入开发、测试和反馈处理，我们努力在做第一个可发布版本。那是一段美好的日子，我们在一起工作，充满了活力。作为一个团队，我们认为公开展示我们的"婴儿"产品会很好。然后，一组选定的客户开始真正使用这个版本，直到那时，某些潜在的大问题才浮出水面。最后，我们花了一年多的时间才使新产品真正可用。

在第一次正式发版之后，人们感到非常失望。我们注意到，尽管在许多领域，新产品的效果比老产品好得多，但客户并没有转向新产品。我们已经内置了智能算法，可以让他们的生活更轻松。然而，有许多特殊情况是新产品无法处理的。这对我们的客户来说实在是太难了，他们不得不回退到原来的产品。

我们忽略了什么？我们忘记了什么？我们以为我们可以很好地处理客户反馈，但我们犯了一个关键错误。我们只是在自己的组织中进行演示，收集客户的反馈，但这是在特定产品实验室中状况的反馈，在这种场景下，新产品的效果好极了，那时我们还没有任何实际使用的反馈。而那些客户也只是当时演示产品的客户，并不是新产品中新功能的真正客户。因此，我们的关键错误是我们构建的是一个确实无法正常工作的产品版本。我们应该确保在几个月内有一个让客户可以真正使用的版本。然后，我们在演示过程中收到真实客户的反馈，而不是意见。通过真实客户的使用以及他的反馈，作为一个敏捷领导者，我才可以真的知道我们是否以团队的方式正在做正确的事情，例如我们是否考虑到了足够的异常情况。该产品在实践中是否真的可以使客户受益以及性能、稳定性和质量是否达标？

我的结论是，如果我们尽早处理来自真实客户的反馈，就可以在更早的时候进行调整。而且，我们还会尽早拥有更好的产品，从而更快提高销量。那样的话，三年后，我们可能会有许多满意的客户。

## 活动控制

如果过了一段时间,团队的产品似乎没有销售出去,性能不可靠或者需要大量的维护,敏捷领导者仍然要负责。团队是否能够确保成千上万的客户可以同时访问网站?报告中的数字和信息是否准确?销售团队是否在销售过程中承诺了过多的镀金需求?敏捷领导者想知道团队成员的表现。理想情况下,他应该确保团队能够立即了解到这一点,以便团队能够进行自我调整。但他不想对团队进行微观管理,获取详细的更新和重复检查最重要的风险。另一方面,他也不想在没有任何更新或者信息的情况下盲目信任团队。但是,他如何把握好这两个极端之间的平衡呢?他如何既能控制活动但无需每天都进行微观管理,也无需盲目地信任团队?

解决方案基于来自实际客户的快速反馈。这就是学习环,即收集客户的反馈并从中进行学习的循环过程。敏捷领导者必须创建一个环境,使团队可以从实际客户那里快速获得反馈,并花时间从这些反馈中进行学习。然后,敏捷团队可以优化他们的学习环。我将说明这个学习环的确切含义以及团队如何适应。

> 敏捷领导者激励并支持团队不断从真实客户的反馈中进行学习。

ING 是一家荷兰的银行。这家公司开发了一款可以轻松转账的应用程序。在第一个版本中,ING 的客户只能查看他们的余额。ING 随后对该应用程序进行了小幅改进,并添加了新功能。通过听取用户的反馈,ING 能够更好地确定用户的需求,同时他们也更好地与用户建立了联系。因此,其他更加满足用户需求的功能能够被开发出来。今天,用户可以查询贷方和借方,创建储蓄账户,并发出付款请求。正是由于敏捷方法应用在应用程序开发中,许多客户得以每天能够使用到让他们感到十分满意的应用程序。

在一开始，YouTube 的主要目的是做成一个约会网站，用户可以在其中创建自己的视频，通过这些视频来寻找未来的伴侣。通过处理客户反馈，网站的愿景发生了变化，现在面向所有类型的视频。

在创建 Twitter 时，诸如 #hashtag 和 @at 之类的代码还不为人所知。因为一些客户开始使用它们，它们才自然产生。Twitter 依据这些反馈来创新和构建，除此之外，还包括搜索功能和反馈趋势。Twitter 的创始人埃文·威廉姆斯（evanwilliams）认为这种代码太乏味，这是他为什么不使用它们的原因。但是通过对真实客户使用的回应，这些代码现在在 Twitter 和其他社交媒体上普遍使用。

当试图确定团队是否做正确的事情时，最重要的信息应该来自实际用户的频繁反馈。

因此，与获取各种详细的报告并花时间仔细检查风险以及基于假设来提出问题相比，敏捷领导者花很多时间来优化学习环往往会更有效。这是因为在尝试确定团队是否在做正确的事情时，最重要的信息来自实际客户的频繁反馈。但什么是适合的学习环呢？如何定义"频繁"？敏捷领导者如何优化这个学习环？接下来将要回答这些问题。

## 什么是学习环？

从客户那里获取反馈、向他们学习并在产品中实施改进的循环过程，称为学习环。学习环是团队成员了解自己是否在做正确工作的一种方法。他们可以根据新的领悟快速调整。通过应用学习环，团队的自组织能力和敏捷性将变得更强。学习环如图 3.1 所示。

图 3.1 学习环

在学习环中,团队要经历以下五个步骤。

1. 构想。在第一步中,团队、利益相关者和客户集思广益,想方设法来扩展产品或者服务。最重要的想法在草图中详细描述:使用图形、插图或者说明。"构想"意味着并非所有细节都要详细描述,可以留到后续步骤中进行。构想可以提升创造力,为更新解决方案留出空间。

2. 构建。团队着手处理最重要的想法并将这些想法实际融入到产品或者服务中。团队详细说明与利益相关者和客户进行协商时的想法,同时,团队向利益相关者和客户演示产品。

    a. 讨论细节处理是否正确。

    b. 集思广益,讨论更多细节。

    c. 产品或者服务何时可以交付。

3. 交付。想法确认之后，便可以交付定制的产品或者服务。这一步花的时间越短，客户就会越早开始使用，团队也就可以越早从客户那里了解更多。

4. 使用。在这一步中，客户将使用真正的产品，而不是演示。在使用过程中，团队密切关注客户提供的反馈。反馈当然可以是正面的，也可以是负面的。另外，客户可以给出硬反馈和软反馈。硬反馈由访问人数、转换率、使用数字和每个地区的客户比例等数据组成。软反馈包括通过电子邮件提交的意见、社交媒体上的消息、评估、客户访问和访谈等。

    这一步在收集到足够的反馈后进行处理或者得到商定的时间后结束，通常分配几天到几周的时间。但如果客户使用 5 分钟后就发现产品不能工作，则可以立即采取下一步行动。

5. 学习。在这一步中，重点是学习。团队研究软反馈和硬反馈来了解哪些想法在实践中效果好，哪些不好。因此，团队能够不断成长，构建让客户更加满意的产品和服务。此外，团队也可以根据反馈来调整或去除旧的想法，并构想出新的想法。

至此，学习环现在已经完成一次，下一个循环从步骤 1 再次开始。

如果在 2005 年，我们创造新产品 Reven 时就知道学习环，那么，我们会更早收集客户的反馈从而做出更好的决定来改进最终产品。

那么，敏捷领导者如何知道团队的质量如何呢？可以得出结论，学习环对回答这个问题至关重要。没有学习环,敏捷领导者不可能知道他的团队是否靠谱。如果团队应用学习环,敏捷领导者就可以从最终客户的反馈中获得真实的洞察。如果客户满意度高,则表明团队正在做正确的事情。

## 敏捷领导者作为试验者

成功的敏捷领导者会支持团队,指导他们进行试验。他们会创造一个安全的环境,使团队可以从错误、实验和试错中学到东西,并自豪地与其他部门和高层管理人员共享成果,即使是负面的。如果这种学习环应用到日常工作中,敏捷领导者的角色就是试验者,是试验的指导者,使团队可以快速、安全地学习。

- 指导团队完成学习环的每一步。不要因为时间压力而偷工减料或者走得太快。

- 确保团队更加努力,不只是为了取得短期的成果,而是为了从客户那里获得及时的反馈。

- 激励团队对这种反馈保持开放的心态。不要拘泥于假设、怀疑和意见。更确切地说,可以提出问题并接受客户的新的想法。

- 解释客户满意度和使用情况的系统报告之所以重要的原因。

- 如果客户满意高,就要向团队表达赞赏和感激。他们非常成熟,需要更多的自由以此鼓励(第 2 章)。

- 如果客户满意度较低,就要向团队提出许多开放性问题,帮助和指导他们并在必要时进行调整,以此来提高客户满意度。

- 与团队一起集思广益,讨论出阻碍下一步进展和快速应用学习环的问题，然后清除这些障碍或者授权团队自行清除。通常，部分障碍存在于其他员工或者部门。因此，要寻求合作并与其他管理者共同决策。

# 3.2 团队如何快速从客户那里学习?

"在一个复杂、变化莫测和动态的市场中,团队必须迅速得知自己是否正在做正确的事情,这一点至关重要。"

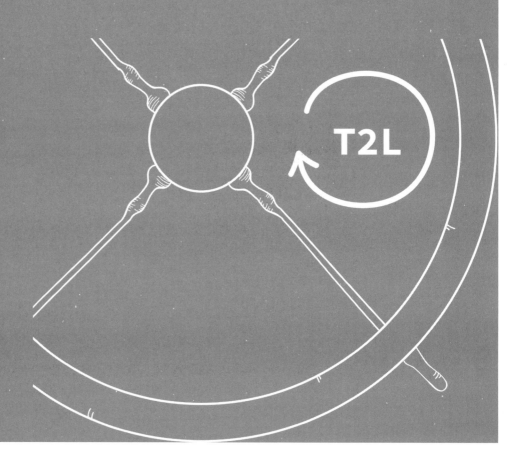

### 开篇问题

1. 最近,客户给出了什么反馈?

2. 每周花多少时间从实际使用过程中学习?

借助于学习环，能够洞察团队是否在做正确的事情。但这种洞察足够迅速吗？征求反馈是否也足够迅速？团队不可能花一年的时间来评判他们今天做的工作是否正确。在一个复杂和变化莫测的市场中，团队必须迅速了解他们是否在做正确的事情，这一点至关重要。他们必须知道自己做的产品是否仍然能够满足快速变化的需求。因此，重要的是要快速应用学习环，换句话说，要有很快的学习速度。越早应用学习环，就能越早搞清楚团队是否在做正确的事情，从而更好地应对意外。但是，学习速度可以量化吗？如果可以的话，又该怎样量化？

## 工具 5：T2L

有一个很好的方法可以用来评判处理客户反馈的速度或者团队的学习速度有多快。为此，度量学习环中第 2 步到第 5 步所花的时间（即从"构建"到"学习"）长度。这个时间称为"学习时间"（T2L，Time to Learn）。

> T2L：学习时间（T2L）是从构想一个想法或者改进开始，然后构建，到带给客户以及从客户使用中学习所需要的时间总长度。
>
> T2L 包括完善、设计、开发、测试和集成并部署到市场中，让客户实际使用，收集有关该用法的统计信息和反馈，研究这些结果并从中实际进行学习。

该指标基于制造业常用的前置时间和上市时间指标，衡量的是客户收到产品或服务之前的内部流程，它们没有和实际客户的反馈和数据相结合。在复杂的环境中，这种反馈对了解市场是否发生了变化以及如何持续改善实际的客户影响至关重要。敏捷领导者的职责是改善团队的环境，使他们能够更快速地学习。

T2L 越短，学习速度就越快。这相当于从阿姆斯特丹到巴黎的旅行，旅行时间越短，速度就一定越快。因此，缩短 T2L，就能够提高学习速度。通过改进 T2L，团队可以更快速地从客户的实际使用过程中学习。

图 3.2 是一些计算 T2L 的例子。

| | 构建 | 交付 | 使用 | 学习 | 学习时间 |
|---|---|---|---|---|---|
| 1 | 5月 | 1月 | 3月 | 1月 | 10月 |
| 2 | 2月 | 0,5月 | 2月 | 0,5月 | 5月 |
| 3 | 4周 | 0天 | 1周 | 1周 | 6周 |

图 3.2　计算 T2L

在第一个示例中，T2L 为 10 个月。具体来说，如果管理团队在 2 月初做出战略选择，准备将新品投向市场，要到 11 月中旬才知道 2 月份的决定是否正确，因为只有到 11 月，才能获得来自真实客户的足够反馈。在此之前，他们只能基于观点和假设来做决策。如果随后在 11 月中旬做出一些改进的决定，那么还需要 10 个月的时间才能再次进行学习。因此，专注于缩短 T2L 对管理团队十分重要。可以通过在几个地方进行改进来相对较快地降低 T2L。一些示例如下。

- 选择较小的客户群，而不是为所有人解决所有问题，实施这样可以（更多示例，请参见 3.4 节）。
- 解决方案面向的范围较小，因此通常可以更快地收集来自客户的反馈。
- 将重点放在各个职能部门之间，尤其是减少空闲和等待时间，可以大大减少周期时间。

在前面的示例中，T2L 可以相对轻松地缩短为 5 个月。

## 通过缩短 T2L 来获得更高的灵活性

如果公司的 T2L 较长，则要等几个月甚至几年后，公司才能从客户那里收集到相关战略决定的反馈。T2L 较短的公司，可以快很多。学习速度越快，公司对态势发展的反应就越快。因此，T2L 越短，组织的战略敏捷性就越高。组织的敏捷性取决于调整方向所需要的时间加上知道这是否是个好的调整所需要的时间。没有后者，组织可能随机而盲目地改变方向。敏捷企业能够迅速改变方向，然后迅速获得有关新航向的反馈。

## 实施 T2L

如何实施 T2L？首先，将这个实践标准包含在项目、改进计划、团队概述和产品等的各种周报和月报中进行推广，让人们能够更加注重提升学习速度。

为此，在制定计划时，首先实现较低的 T2L 就很有价值。通过分阶段滚动推进而不是立即执行所有操作，可以大大降低 T2L 的使用风险。此外，T2L 能够很好地表明项目的风险：较低的 T2L，意味着风险较低，来自真实客户的反馈更多，这样，就可以更快速地清晰判定项目的可行性及其价值。

项目的持续时间或者改进与相应 T2L 的最佳配比是多少呢？对于预期交付周期为 12 个月的项目，3 个月的 T2L 最理想，越短越好。对于一个持续 4 个月的项目，定义 1 个月的 T2L 是一个不错的开始。T2L 为交付周期的四分之一通常是一个合适的经验法则。实际上，中等规模的公司最初通常有一个 T2L，从 9 个月到 1 年多。在开始测量和改进 T2L 之前，这些都已经识别出来。进行系统改进一段时间后，公司的 T2L 变为 2 到

4 个月。成熟度高的敏捷团队每周向客户发布几个版本，他们的 T2L 还不到 1 个月。

由此可以得出结论，T2L 可以用来测量团队的学习速度，这个数字也体现了敏捷团队的学习速度。降低 T2L 可以提高学习速度。因此，实现较低的 T2L 是一种改进。T2L 是一个方便的工具，它允许敏捷领导者控制组织。这也是一个很好的指标，可以帮助团队迅速知道是否在做正确的事情。通过在报告、改进计划和项目等事项中提及 T2L 来将其应用于实践中。让 T2L 透明化并确保它能得到改进，是敏捷领导者的工作。

实施 T2L 改进有四个额外的优点，这些优点能够体现出良好的 T2L 是何等的重要。

## 好的 T2L 四个额外的优点

好的 T2L 还有四个额外的优点。

## 优点 1：降低延迟成本

如果分析师或者程序员在午饭后需要继续早上的工作，短短几分钟就可以回到主题上来。另一方面，如果几周前就已经开始工作了，那么他现在就需要花更多时间来深入讨论这个主题才能回忆起所有的细节。所以，他之前工作被打断的时间越长，恢复工作需要花的时间也越长。对于思想工作、创造性任务和独特的活动，这些都是管理者所不知道的潜在成本，归结为延迟成本。暂停或者闲置的时间越长，再次取出的成本就越高。这种延迟成本的问题总是难以衡量。但可以间接通过测量订单交货时间和时间成本之间的差值来进行度量。如果需要 40 个小时才能完成，但却花了两个月的时间,说明可能有很高的延迟成本。

因此,降低 T2L 会自动降低延迟成本。工作很快交付给客户,并很快从中学习,因此可以快速进行改进。参与其中的员工不需要经常深入研究不久前参与的主题,因而延迟成本要低很多。

## 优点 2:降低变更成本

"我们已经投入了这么多,最好不要停,继续投入。""你不能早点说吗?""那我就不用再重复一遍了!""既然我知道了这一点,可以用一个更简单的解决方案。"这些话耳熟能详。一个新产品或者扩张项目投入数个月后,停止投入比减少投入困难得多。毕竟,如果必须以不同的方式来做,就得除旧布新。我们称之为"变更成本"。如果短短 3 个月后就决定完全更换,所涉及的金额将与 10 个月后才决定所涉及的金额大不相同。因此,一个更好的 T2L 会导致更低的变更成本。

## 优点 3:团队积极性高

上周,一个团队紧锣密鼓地工作,实现了交付。新的一周刚开始,他们就收到了来自客户的热烈反馈。想象一下,如果几个月后另一个团队才能得到同样的反馈,这将导致情绪低落或者处于被动。改进 T2L 有利于团队的激励和合作,让他们对下一次交付产生新的想法。此外,客户现在可以更快地看到他们在新产品增量中的反馈结果,他们的思想已经融入到功能和服务中。结果,与客户的合作有了很大的改善,团队得到了更有价值的反馈。较低的 T2L 有助于提高团队的积极性。

## 优点 4：流动性提升

太长的 T2L 类似于工厂里库存量大而导致流动性差。这些东西已经买了，但还没有卖出去。结果，相当于仓库里有很多钱，而这些钱本来可以放在银行里。这同样适用于还没有变现的待售产品。员工已经花了很多时间来创造或者调整新产品和服务，但这些产品和服务仍然在仓库中。T2L 体现了这种待售劳动力的存量。通过将 T2L 与内部成本价格相乘，库存变得透明。T2L 表示我们从客户那里得到反馈并花时间学习的时长。因此，通过降低 T2L，流动性得以增加，因为产品和服务能够产生资金的时间点进一步前置了。

在下一节中，我将说明团队如何使日常工作更透明，从而实现更快的学习和反馈。

## 3.3 如何将学习环付诸实践?

"我只是回收我去年发生的好心。"

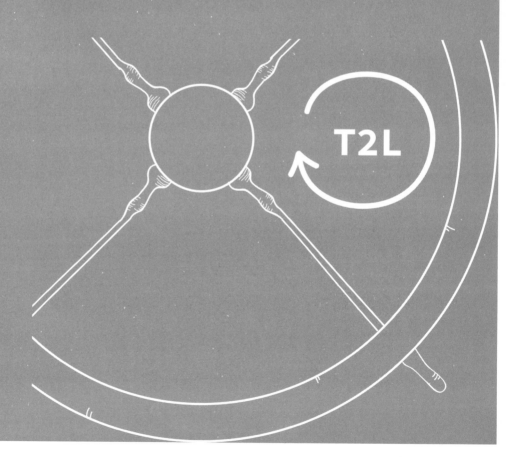

## 开篇问题

1. 从哪里收集客户的反馈?

2. 学习环的进展是否能够进行可视化监控?

近年来，我一直在寻找一种实用的工具，团队可以每天用它来应用学习环。这个工具必须能够帮助团队专注于日常工作中的学习，迅速获得客户的反馈并能够应用最新的领悟。缩短学习环和 T2L 很重要，但实际上很少有人这样做。最终，工具应运而生，那就是验证学习板（VLB）。验证学习板记录了学习环中每个步骤的活动概要（图 3.3）。一旦一项活动进入学习环的下一步，便可以通过移动相应的卡片来更新看板。看板可以是墙上的物理看板，也可以是工具中的电子看板。物理看板通常能够增强整个团队的互动和参与。

如果能够向利益相关者和客户提供有关产品和服务的最新信息，还可以用看板来对学习环进行总体展现。这样一来，利益相关者和客户可以快速地了解团队正在研究的构想、反馈意见和所吸取到的教训。

在计划活动和以及与利益相关者、客户进行协商时，通过每天使用看板，VLB 成为敏捷团队每天使用学习环来改善 T2L 的实用工具。VLB 是一个可以用于内部流程的看板，其目的是可视化整个学习环中的所有工作。

## 工具 6：验证学习板（VLB）

为了使学习环更加具体，需要有一个简单有效的概要展示。拥有这个概要展示至关重要，因为在现实生活中，如果客户在尝试新功能的同时又要为做其他事情而产生新的想法，概要展示也会很快变得很复杂。因此，其中的挑战在于产品或者服务同时处于学习环的不同步骤中。VLB 能够清楚地展示它们处于学习环的哪个步骤。

VLB 由 6 列组成，每列代表学习环中的一个步骤：构想、构建、交付、使用和学习，最后还有一列标记为"完成"或者"已学习"（图 3.3）。在每一列中，这些活动描述的都是针对处于学习周期特定阶段（看板列展示）的团队的最新活动。理想情况下，每个产品或者服务只有一个 VLB。如果许多团队并行在做多个产品或者服务上开展工作，就很有必要为每个团队做一个 VLB。

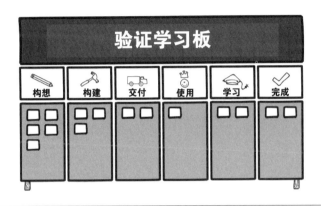

图 3.3　验证学习板

一旦一个想法或者功能进入学习环的下一步，代表它的卡片就会立即在板上更新。因此，板上展示的总是最新的信息，以便同事或者客户可以快速了解学习环的当前状态。

## 验证学习板上的卡片

验证学习板上的卡片通常如图 3.4 所示。

| 简短描述<br>用户故事：作为客户，我希望怎样操作，以便获得收益 | | | 主题 |
| --- | --- | --- | --- |
| 开始日期 | 交付日期 | 学习日期 | 工具 |

图 3.4　VBL 上的卡片

每张卡片包含以下元素。

- 简要介绍。用几句话描述重要的内容，例如"家庭报告"或者"忘记密码"或者"第一客户的仪表板"。

- 用户故事。一两个句子，可读性强，不需要有更多的解释。可以假设利益相关者知道它的含义。用户故事的强大之处在于可以快速浏览，而不是在于故事细节，细节包含在完整工作清单的工具中（例如 Excel，TFS，Jira 或 Trello）。

- 主题。通常，卡片针对的是特定的主题，例如"良好的第一印象"或者"简单的报告"。最好使用带有可识别的图标来形象地展示主题，也可以使用彩色卡片。

- 开始日期、交付日期和学习日期。保留这三个日期很有用。例如，该卡片的 T2L 可以随后进行计算。

- #工具。工具 ID，通过它，可以快速检索到更多详细信息。

## VLB 需要怎样的详细程度？

VLB 上列出的工作不要有很多细节，而是要在更粗略的工作层次上，因此，颗粒度体现的不是报告的每一列或者屏幕上的每一个按钮这种层次，而是主题的某一部分这个层次。这是为了防止出现大量卡片而以更可靠的方式保持概要展示。卡片的细节颗粒度水平取决于当前的 T2L 有多长。如果 T2L 持续 6 个月，看板上的标签就要展示更大的主题。如果 T2L 只有几个月的时间，卡片上的内容可能会更加详细。

## 公共场所，靠近团队

VLB 最好位于公共区域的墙上，并且靠近团队。例如，在团队附近的走廊或者在常用的咨询室。

如果有各种概要展示（如路线图、统计数据、KVI 和改进计划等），团队就可以邀请利益相关者和客户来参观看板。

## 利益相关者和客户会议

有了 VLB，就可以实际应用学习环了。但 VLB 并没有充分体现出学习环的全部能量，为此，与利益相关者和客户一起定期学习很重要。为此，需要有一个关于 VLB 内容的结构性会议。如果用 Scrum，请将以下部分添加到 Sprint 回顾活动中。在其他情况下，最好安排定期的互动时间，T2L 活动的时长不要超过两个小时。

## T2L 活动的目标

T2L 活动的目标是改进想法列表，使产品或者服务的下一个版本能够变得更好。此外，活动旨在通过消除障碍和加强合作来缩短 T2L。在 T2L 中，最新的领悟学习观点和想法都会被纳入改进列表中。此外，也包括用来提高学习速度的改进措施。所有敏捷团队都可以提出在流程中实施改进的想法来缩短 T2L。

## 多长时间举行一次 T2L？

一个实用的经验法则是每两周举行一次 T2L，同时在必要时参考团队的交付频率。例如，如果每两个月向客户交付一次，那么每两周查看一次学习环就没有意义。另一方面，如果每天都有交付，T2L 活动可以更频繁地举行，而且花的时间可能也更少。

## 什么时候？和谁一起开？

例如，T2L 活动发生在偶数周的星期四，下午 2 点至 4 点之间。到场参加活动的有产品经理、团队教练和参与同一产品或者服务的团队，优先考虑客户。敏捷领导者是可选的，这是敏捷团队自己的事情。敏捷领导者可以通过参与来表明这一活动的重要性，并帮助团队迅速采取行动。但是，成熟的团队应该能够在没有领导者的任何指导下自动开展 T2L 活动，详见第 2 章的所有权模型。

## 正在准备中

团队已经为这次学习做好了充分的准备。他们花时间研究反馈并已经得出初步的结论。简报已经发送给其他参与者。

- 最终目标是重复一致的：这个产品或者服务的可量化目标和 KVI 是什么？详见第 1 章。
- 简要说明最重要的数据和趋势线。
- 公布目前的平均 T2L 以及一些有望缩短 T2L 的改进措施。
- 议程包括硬反馈和软反馈，详细说明每个主题的实际使用情况。考虑转换率、时间、客户数量和目标群体的百分比等数据以及客户的评论或者访谈的进一步解释。

## 验证学习板的能量

综上所述可以得出结论，VLB 是一个强大的工具，团队可以每天在学习环中持续工作并真正应用。VLB 的优势在于，如果团队每天都用，团队的工作就能够可视化，而且如果能与利益相关者和客户一起使用该工具，可以确保大家都在不断地学习和改进。

敏捷领导者的任务如下。

- 指出 VLB 板和 T2L 活动的重要性。
- 定期与团队互动，并提出有关学习环进展的问题。
- 激励团队重复学习经验教训并将其传递给其他团队。
- 确保可以消除影响学习速度的障碍。
- 推动合适的利益相关者和客户抽空参加 T2L 活动。
- 在利益相关者管理中支持产品负责人。

在对学习环、测量学习速度和 VLB 进行介绍之后，问题仍然存在，比如如何小步实现大创意？是否会为了追求速度而冒巨大的风险？是否安全地进行了变化？以下两节将提供可以应对这些挑战的答案。

# 3.4 团队如何小步实现大创意?

"搬山头的人先从搬小石头开始。"

——孔子

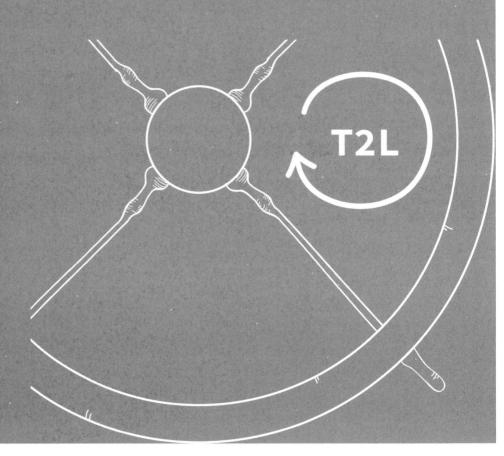

**开篇问题**

1. 一个大创意需要多长时间才能得到客户的认可?

2. 大的创意什么时候会因为客户的反馈而暂停或者终止?

## 开篇故事：道路救援

为了保持市场领先地位，有个道路救援组织不得不更换用来协调援助的软件。一个由分析员和专家组成的团队进行了需求、功能设计和架构等工作。经过 6 个多月的会议讨论、编写、检视和计划，他们将结果提交给高级管理层，后者同意做这个内部产品。根据计划，做新系统需要几年，密集的测试需要几个月的时间。一些关键的项目负责人发现，这对运营这一关键部分来说风险太大。幸运的是，他们中的一个人了解当时还算新的敏捷项目管理思想。在规划方面，他们决定彻底改变这种做法：不是在一切都做成后才投入使用，而是在特定的目标群体和场景得到支持后就立即投入使用。新计划与原定计划并行。很大一部分日常支持人员继续使用当前的系统，而其他少数人则可以同时访问新旧两个系统。与指导小组进行激烈的讨论之后，新方法得到了这个重大的机会。有一条评论是决定性的："如果我们继续做我们一直在做的事情，我们就会得到我们想要得到的。对于这样大的项目，我们成功的机会很低。现在我们三个月后就会知道它是否有效，否则需要等上三年……"

最大的挑战是在两个月内完成一些可投入市场试用的东西，以便能够从实际使用中进行学习。在一次密集的头脑风暴会议上，讨论几个场景，提出想法，将 T2L 从三年缩短到三个月。一旦客户提出特定的故障或者问题，支持人员就可以使用新系统来处理新的场景，进而可以给其他场景作参考。最终，决定让新系统率先处理德国福特汽车的爆胎问题。可以配置电话系统，让司机的求援电话能够转接给同时使用这两种系统的支持人员。因此，新系统不需要数百名所有支持人员都安装，而只需要给四个人安装即可，只有这些人需要接受新的系统使用培训。

电话一响，救援人员就可以在几秒钟内知道具体场景是否受到新系统支持。这是一个完美的解决方案，所以可以在两个月内存活下来！在发布最初的系统版本之后，将逐渐支持更多的场景。

第一个版本自然包含屏幕输入，但不需要为计划和协调紧急服务来创建新功能。与德国同事能够联系就够了，接下来由德国道路警卫队继续处理。几周后，第一个版本已经准备就绪。这是为四名支持人员推出的，可以用来处理第一个救援电话，这对项目来说是个好契机。

在含有一小部分功能的新版本发布和改进整个学习环之后，T2L 平均为一个半月：两个星期构想、两个星期构建以及两个星期的客户数据收集和学习，而原计划 T2L 超过三年！

最终，原来分析师、专家和架构师所设计的所有功能，最终实现的不超过 70%。而且，超过 25% 的功能都比最初计划的简单，并且完全不同。

## 根据目标群体和场景来切分，而不是片断和功能

人们经常会问，如何正确切分一个创意、大型项目、新产品或者服务。他们想要尽早交付给客户并征求反馈，但不知道如何有效地找到合适的 MVP。明智地进行这种削减可以确保产品或者服务能够在实际场景中得到更有效的应用。一个常见的错误是立即想要支持所有可能的目标群体和实现几乎所有的功能，最后才发现，只有在系统可工作时才能得到真实的反馈。在实践中，把一个项目做好有时很困难。为多种特定场景寻找一个通用的解决方案需要时间。提示：选择客户目标群体和该目标群体已经可以使用产品的场景。下面是一些实际的例子。

## 援助

在前面描述的道路救援的例子中,在目标群体和场景中做出了真正的选择。首先,并非所有援助场景都能在德国得到支持。例如,在德国,一旦有人打电话说电池耗尽或者钥匙丢失,就必须用原来的旧系统。荷兰人或者法国人打电话时也要用原来的旧系统。

## 旅游业

旅游业的一个例子是,首先向那些想去西班牙南部和葡萄牙南部的人提供新产品或者服务。

然后,对特定的目标群体(例如60岁以上的人)或者依据旅游发生的时间(即旅游季节前后)进行进一步的限定。第一个目标群体和场景是"希望在西班牙南部或者葡萄牙南部的早晚季节享受阳光;60岁以上的旅行者"。这样能够立即体现一个好处:一开始不需要构建各种处理异常的功能。例如,不需要考虑过境、中途停留、旅游、组合折扣和签证申请。限定不当的话,会使新服务在搜索旅行时可用,但在预订旅行时不可用。毕竟,必须立即构建各种异常处理的功能。这意味着整个过程将无法快速完成,因为最终客户将无法提供反馈。如果有效限定目标群体和场景,则可以使这些成为可能。

## 福利法规的变更

为了遵守新的法律,所有的福利都必须从1月1日起重新计算。所有变更的实现、测试和发布都需要9个月以上的时间,因此不可能在1月1日之前完成。回想起来,这听起来很简单,但当时需要和几次专家、法律分析师、程序员、职能经理和项目负责人的会议讨论好几个小时才能得到这个想法，对每种类别的利益和新式计算的复杂性进行概述。对有孩子在家的单身母亲来说，这种福利是最容易得到的，而且数额巨大。这份清单福利中的一半是针对个体经营者的，最复杂的是残疾人、失业者以及生活在一起的有关系和无关系的人员组合在一起。

该小组首先决定为单身母亲实施这项福利。大约一个月后，该功能就可以交付给客户了。因此，这些客户可以在计算收益时直接选择收益是应该根据未来的还是当前的方式进行计算，不过，这一方案并不符合法律规定。通过要求所有付款必须妥善处理，加入了福利经办人可以自己设定数额的功能，他们严格遵守了法律。这一举措最初遭到了一些利益相关者的抵制，其中部分原因是承诺继续实施新的计算方式。利益相关者意识到，统一确定计算的顺序要容易得多，减少日常操作的工作量是他们最重要的诉求。

到1月1日那天，虽然部分计算没有实现自动化，但在实践中效果良好。最后几类福利非常困难，能够算出正确付款的概率相对较低。因此，这些福利必须由福利专家重新计算。这使得团队获得了如何支持收益专家的经验。最后，他们做了个工具来检查计算结果，从而增加了正确的收益。

## 抵押法

一家中型抵押服务提供商必须调整自己的系统，因为有关抵押的立法发生了变化。初步分析表明，他们将不得不应对几百种复杂的组合。经过集思广益，他们决定首先实现法律修订案的需求场景。首先，他们将支持低于抵押贷款价值和房屋所有者的房屋价值70%的所有抵押的变动。在这一点上，变化相对简单，在系统中很容易解决。修改后的信函和处理步骤很快交付给客户。这使得团队既可以获取新法律方面的经验，又可以从真实的客户那里获得经验反馈。这样，团队更容易构想出其他场景的概况，从而增强管理利益相关者和更高管理层的期望。就这样，他们逐步扩展场景的数量。尽管他们无法在新法律生效之前支持所有场景，但这样做对金融监管机构造成的影响最小。

## 缩短 T2L 可能带来的陷阱

缩短 T2L 有时会产生一些陷阱。如果不关注这些陷阱，可能会增加风险。

### 陷阱 1：精选客户群

在一家能源公司，所有类型，主要取决于客户反馈，客户都要参加第一个使用新产品和服务的客户小组。据解释，一些产品和服务可能很快再次停止。在员工内部以及客户的直接反馈中，已经就该客户小组的反馈进行了很多交流。公司在早期发展阶段就让客户参与进来，这是一个真正的进步。不幸的是，客户小组成员似乎并不是从客户总体中随机抽选出来的代表。这些小组成员都不是来自辛勤工作的双职工家庭和年轻家庭，主要是养老金领取者、没有工作的年轻人以及环保意识强的 40 多岁的富人。这一组人乐于参加公益活动，搞清楚自己每天的能源消耗。不幸的是，能源公司的普通客户并不是他们。结果，这家能源公司对产品和服务做出了错误的选择决策。最后，虽然仍旧维持这个客户小组，但他们的反馈对公司决策的决定性影响变得很小。公司还得用营销情报专家来获取更多随机的客户反馈。

因此，在缩短 T2L 时，应该尽可能随机使用客户组，这很重要。要让统计专家来评审客户组。

## 陷阱 2：对当前数据做性能测试

五个不同的软件开发团队开始对现有产品进行完整重建。他们专注于特定的目标群体和特定的场景，好让重建后的产品能够在几个月内真正投入使用。团队从一开始就知道，他们的产品在夏季用得少，但在冬季，则有成千上万的用户会同时使用。他们在架构中考虑了这一点。但是，在构建过程中（基于新的见解），他们在架构中实行了一些小的变更，没有人预料到这会对性能产生重大的影响。结果出乎意料，扩展到更多并发客户时，系统出现了高性能问题，因此必须重新设计和重建产品的某一部分。这显然是个很大的败笔，并且，一些利益相关者对敏捷过程的强度提出了质疑。然后，团队学习了每次变更后执行性能测试的复杂方法。在团队扩展构建产品的几个月和几年中，他们能够及时收到有关性能产生负面影响的变更警告。

在缩短 T2L 时，必须根据将来的要求进行（自动化）测试，这一点很重要。要让性能测试专家检视或者咨询团队。

## 陷阱 3：完成后才征求反馈

关于敏捷，一个重要的经验法则是"不要等到某件事情完成后才要求提供反馈，我们需要的是即时反馈。"我们总是倾向于在完成后才要求收到反馈，我女儿上小学时，有一次 10 分钟的谈话。老师对我女儿的聪明才智以及她在班上的表现给予了各种赞美。谈话结束时，老师出乎意料地提到我女儿有时会表现出不安全感。几天前，孩子们被要求做一个蘑菇，老师对此进行了明确的说明，大家都去做了。几分钟后，我们的女儿来到老师面前，手里拿着一幅画了一半的蘑菇，这让老师觉得她缺乏安全感。

早在上小学的时候，我们就已经学会在事情结束后再要求获得反馈。在语文或者数学考试进行到一半时，我们不可能问老师要不要先检查答卷上已经完成的部分，以便剩下的一半考题能够做得更好。专家们也习惯了这种更传统的工作方式。

优秀的专家只需要一半故事就能理解问题并找到解决方案。正在进行的研究、分析或者致电客户的问题反馈很快会被视为可能存在不确定性。由于世界变得越来越复杂，机器和计算机可以处理简单的事情，但人与人之间的互动却越来越复杂。

在减少 T2L 的同时，很重要的一点是，我们在项目进行到一半的时候就需要大量的反馈，而不是要等到项目完成。

## 陷阱 4：员工折扣

许多公司为员工提供产品和服务折扣、抵押贷款折扣、免费会员资格或者亲朋好友 20% 的折扣。尽管这样做有各种积极的作用，但也会引起全球各地客户群体的异议。例如，自己的员工在没有折扣的情况下还会使用产品或者服务吗？折扣能够确保深入参与产品和服务的员工可以更客观地问自己是否也会购买？

换句话说，身边的客户群体已经不再是目标，员工必须向外寻求反馈。不管怎么说，后者显然很好，但如果员工也组建了一个客户群体，将更容易。

## 3.5 最小化爆炸半径

"如果没有一个安全的试验环境,我们只能优化已经做过的事情。如此来,在不断加速的市场中,我们只能原地踏步。"

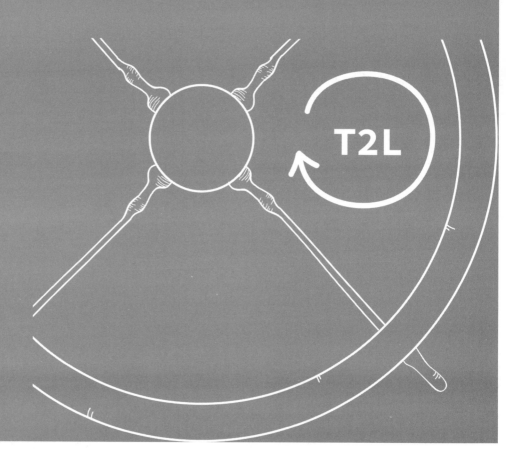

## 开篇问题

1. 在试验上花了多少时间?

2. 你的团队有多少自由和灵感去尝试?

在Spotify，他们有一种减少错误影响的实用方法：为了防止某个错误对所有客户产生影响，他们减小了爆炸半径。[①]生产中进行的所有变更都将逐步推广到所有客户中。例如，他们可能首先在英国推出，然后在美国推出。此外，他们还使用功能开关，可以在系统不回滚的情况下打开和关闭变更，他们为特定国家/地区特定数量的客户打开该功能。通过客户统计信息，他们可以快速查看该功能是否有效以及客户是否喜欢它。如果不是这种情况，他们将再次关闭该功能。如果某个功能导致错误，则只影响到一小部分客户。

因此，可以选择不对所有客户同时实施改进，只针对较小的目标群体实施，以此哎来限制错误的后果，或者不直接调整所有内容，而只调整一些产品或者服务来限制影响。多年以来，许多公司都在用这种方法。一些示例如下。

- 首先将新版本的银行应用程序发布给员工，然后再发布给更多的客户。如果某些事情做不好，也不至于有太严重的后果。

- 一个电话公司不会同时为4G适配所有的发射器桅杆，而是由一个发射器桅杆开始，例如在休斯顿市中心，客户可以先在那里用4G。这样做显然不至于打扰到客户，对电话公司的影响很小。

为了减少失误，通常必须更改产品和服务的设计。尽管从标准化、降低成本和提高效率的角度来看，以相同的方式应对所有场景并且不允许出现例外，通常令人愉快，但无助于改进、降低风险和创新。

因此，重要的是，要与不同员工从不同的角度来看待挑战。为此，可以多来几次头脑风暴，共同思考工作方法，包括流程、自动化和协作方面可能的系统化改进。

---

① https://hbr.org/2017/02/how-spotify-balances-employee-autonomy-and-accountability

## 如果所有改变都成功了，创新就会显得不足

成功的敏捷领导者创造了一个可以探索和发现改进机会的环境。在这样的探索之旅中，并非每个改变都能立竿见影。如果不改进，将停滞不前。一旦其他市场参与者都改进了，你的境况甚至可能恶化！然而，在一个复杂的环境中，改变是否能够取得成功，是无法预测的。必须通过试验来解决。如果赛车手 Max Verstappen[①]和他的车队不能不断做出改变，就会经常被对手超越。他必须不断地试验赛车、车队预约、比赛过程和校核自己的状况，至少要紧跟竞争对手。

如果所有改变都取得成功，创新就会显得不足。因为，当所有改变的产品和服务都立竿见影地取得了成功，就体现不出创新的能力是否领先于同行。如果 Max Verstappen[①]不在弯道偶尔加速，怎会知道自己行驶在赛道边缘？

成功的敏捷领导者都知道，必须加速创新，必须不断探寻极限。然而，改进决不能导致不可估量的损害。Max Verstappen 因为没有急转弯而最终住进了医院。敏捷领导者必须创造一个环境,让团队能够安全地进行试验，探索创新的前沿。

---

① 中文版编注：马克斯·维斯塔潘，荷兰赛车手，2015 年加入红牛车队，以 17 岁 166 天的年龄成为 F1 赛车锦标赛中最年轻的选手。

# 小结

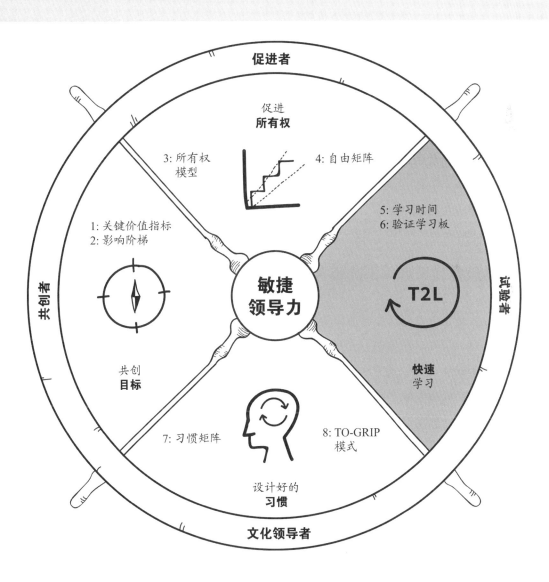

敏捷团队需要来自客户的快速反馈，这些客户实际上是真正使用产品和服务的人，而不仅仅是只针对构想、演示或者原型进行反馈的人。只有通过实际测试，团队才能知道做得好不好。

因此，最重要的是，敏捷领导者要创造这样一种环境，能够使团队迅速获取反馈并有机会从中吸取教训。T2L 是敏捷领导者工具箱中的第 5 个工具，可以帮助实现这个目标。该工具度量的是从团队开始构建某些内容到从中学到经验之间的总时长。构想、构建、交付、收集反馈并从中学习的过程称为"学习环"。团队从客户反馈中学习得越快，T2L 就越短。

该工具箱中的第六个工具是验证学习板（VLB），它可以可视化学习环并使学习环中任何位置的活动都透明化，较大的版本请参见图 3.5。它展示了团队当前正在做的工作，哪些项目已经交付给客户，正在研究哪些反馈。借助于该工具，团队可以得到具象化的提醒，从而专注于了解真正的客户。

## 敏捷领导者作为试验者

敏捷领导者有责任营造一种环境，让团队不仅可以从客户那里快速学习，而且可以安全地进行试验。如果敏捷团队做的事和以前一样，并不意味着成功，但如果寻求敏捷和以创新的方式交付以加大对客户的影响时，就会获得成功。创新无法在复杂的环境中凭空想象，必须在工作中去发现。敏捷团队如果能有一个环境来发现哪些方法有效和哪些无效，就会变得更迅速，更敏捷。敏捷领导者必须不断提升自己作为试验者的角色，这一点非常重要。

## 具体行动

第 3 章中的工具、示例和思想的实际应用如下。

1. 用当前的 T2L 概览团队，了解不同团队的学习速度。与团队合作更新，帮助他们取得所有权。

2. 定期问团队需要更安全地进行哪些试验。营造一个环境来激励和重视安全失败的试验。

3. 询问失败的试验。确保团队可以放心试错，幽默的人可以分享他们的心得。

4. 计划第一批 T2L 活动。

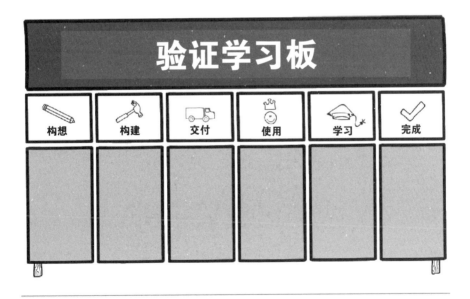

图 3.5　验证学习板

## 学习笔记

# 第 4 章

# 设计好的习惯

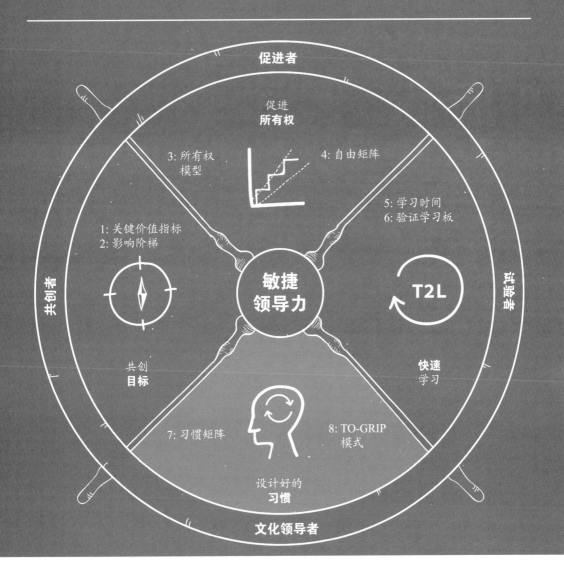

## 4.1 如何激发敏捷文化?

"企业文化的健康程度完全掌握在领导者的手中。如果他接受人们急功近利,接受撒谎、指责他人或者不分享知识,这将成为一种习惯,并且很快就会形成一种文化。"

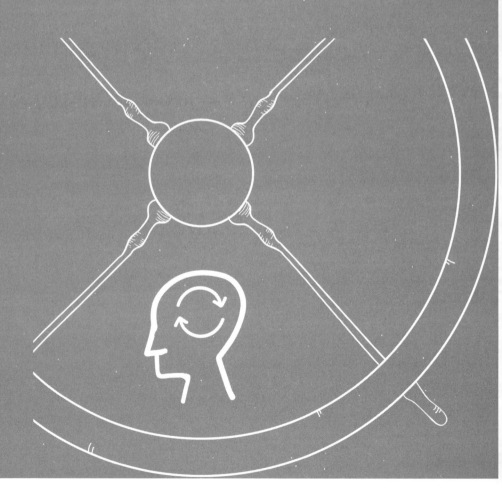

设计好的
**习惯**

**开篇问题**

1. 你认为敏捷文化最重要的特征是什么?

2. 你想在文化变革中扮演什么样的角色?

## 开篇故事：商业银行的文化重塑

已经五点过了，商业银行部门总监 Rob 凝视着窗外，他已经穿好了外套，正在试图整理思绪。凭直觉，他知道现在该采取下一步行动了，但他还不确定走哪一步。他听到一些同事的笑声，但大多数人都已经回家了。他的部门有 400 多名员工，负责处理财务文件和档案。这些文件包含新的贷款申请，对现有贷款的扩展业务以及各种变更。9 个月前，当他升为总监后，部门不得不处理大量积压的、质量低下和客户投诉的问题。当时有一种不鼓励人的文化，在这种文化中，人们不会互相帮助，都习惯于只花时间却不努力。幸运的是，这种情况已经有所改善。Rob 对眼前的文化转变感到满意，但他知道还有很多工作要做。

当 Rob 开始接手后，员工被分配到不同的职能团队，这意味着部门将作为一个整体从头到尾处理整个档案流程。然而，这种架构是不够的，因为日常工作实际并不一样。每，每个员工都在忙于批准贷款、返回文件或者执行修改。每个人都在想方设法清除积压在自己手头上的工作，尽量提供好的服务质量。

与此同时，Rob 看到积压事项和客户投诉却在增加。如果不及时调头，情况只会更糟。他的座右铭是"做你所做的，就能得到你所得到的。"虽然每个人都很努力，但部门的总产量和质量都太低了。根据经验，Rob 知道这不是文化的原因，而是架构和流程造成的。档案的排期和操作时间很不同，不是因为员工不想处理档案，而是因为不同的员工将档案交给对方处理各种细节，然后再按照当前的流程来开展工作。结果，就导致一个月后，客户才听说有几份文件填写不当，整个流程都必须从头再来。这当然会导致客户和员工的满意度较低。

Rob 凭直觉认为，要改变文化，必须改变架构和习惯。他从改变工作习惯开始，他想让大家养成新的习惯：上午 9 点以前收到的所有文件都放在同一天处理。只有这样，才能提高客户和员工的满意度。当他第一次公开提出自己这个想法时，许多人认为这是不可能的。他被称为"下一个有着疯狂想法的经理"，但有几个人看到这个想法的潜力，开始与他一起研究这个新方法。

他们一起确保每个人都能清楚地看到的工作积压，从而明确了哪些团队必须在给定的一天时间内处理哪些文件。与过去不同的是，新的概览只包含上午 9:00 之前就已经在积压工作中的文件，而不是一天中陆续流入的所有文件。因为团队现在的任务是，一旦开始处理一个文件，就要处理完，所以许多团队立即开始互相协作。很快，大家能够感受到部门内部有了一种不同的氛围和文化。

Rob 在"联盟"的帮助下做了第二件事，在下午 1 点左右开一个"市场"，发现自己无法白天完成工作的团队可以在这个市场上向其他团队寻求帮助。此举的主要目的是通过鼓励和奖励完成工作的团队，来让大家养成寻求帮助的习惯。完成份内工作而不需要帮助其他团队的成员可以回家。这对那些没有请求帮助而不得不工作的团队来说是一种很糟糕的体验。结果，他们第二天就更容易开口求助。虽然一开始并不是所团队都达到了自己的目标，但 Rob 并没有生气，而是帮助团队寻找解决方案。

回首往事，Rob 通过让团队养成两个新的习惯来成功地改变了文化。首先，几周后，团队之间互相帮助，共同完成当天工作，这成了常态，大家也相对迅速地融入了工作。其次，开始慢慢习惯于从解决方案和可能性的角度进行思考。在 Rob 到来之前，人们习惯于掩盖错误，从来不从自己身上找原因，不思进取。现在，发现错误被视为发现改进机会。发现问题，然后很快小步修复。因为真的注意到了这些改进，慢慢地，他们开始相信事情真的可以改变。Rob 之所以承担责任，是因为他自己想树立榜样。他已经向不同的员工征求自己哪些地方改进的反馈。员工提出反馈和想法后，他会回过头来问他们是否注意到了变化。通过这种方式，他鼓励其他人变得开诚布公，并主动提供反馈。

养成这两个新的习惯后，部门开始形成一种新的文化，互相帮助，分享知识，共同取得日常工作成果，对任务有责任心，提供个人反馈，不断提高质量，寻求帮助。客户满意度提高了 30 多个点，员工满意度从 6 分提高到稳定的 8 分。

Rob 慢慢地从窗口转过身来，他抓起包并向最后一个还在工作的成员打了一声招呼。当他走出去的时候，他很想知道如何才能进一步巩固新的文化，因为还不够牢固。

## 如何改善文化？

到目前为止，本书涵盖了许多非常切实的主题，例如目标、所有权、客户影响、学习速度以及与之相关的技能。如本书开头所述，敏捷领导者的责任是为团队创造一个合适的环境。这意味着他们可以在其中取得自主决定实施具体的目标并从客户反馈中快速学习。创建这个环境的第一步是开始使用前面提到的工具，下一步是改善团队文化。

为了成功实现敏捷转型，重要的是要使文化适应敏捷的工作方式。企业文化必须能够促进学习、透明、坦率、协作和以客户为中心，没有这些要素，文化可能会失去敏捷性。改善文化非常难，需要时间，但这也是至关重要的。近年来，我一直在寻找相对简单有效的方法来改善团队或者部门的文化。领导者可以在其职权或者职责范围内影响文化。当然，在领导者的直接职责范围之外，影响文化是比较困难的，这不属于本节要叙述的内容。接下来，我将提供几种用于影响和改善文化的实用方法。

为了寻求改善文化的方法，我采访了几位领导者，回顾了成功的变革历程，并和他们进行了头脑风暴。结果表明，几位成功的领导者在不知不觉中都善于引导文化改变。通过对他们的研究和采访，我发现，他们起初并不真正了解自己为什么经常能够改善文化。但一路走来，我们发现他们对两件事有敏锐的洞察力。首先，文化遵循结构（拉曼定律）。这就是本书中领导力工具箱第一个也是最大的主题是给出新的架构、新的工具、新的度量标准和新的会议。其次，他们善于无意识地改变习惯和影响精神领袖（非正式领导人）。他们看到了强烈影响着文化的行为习惯。接下来，他们关注的是非正式领导人以及他们如何巩固文化。下面来看细节。

文化转变是一个艰难而繁杂的过程，需要有毅力和远见。文化由各种各样的领域和成分构成，它们相互影响，共同作用。

- 语言、行话。有意义的特定词语和俚语能够产生集体意识。新人刚开始学会这些措辞后才能在系统中交流。
- 习惯："我们这里就是这样的。"常见的根深蒂固的行为。没有这些行为的人被认为怪或者至少是另类的。
- 精神领袖或者非正式领导人。因为他们是为整个集团取得成就而受到尊重和追随的人，他们的行为被人模仿。
- 历史。前任管理者的行为。
- 符号和报告。定义团队的概述、图标、标志或者列表。

- 规范和价值观。推动这种行为的价值观，例如关心穷人，关心世界环境，绿色能源，遵守税法，或者一些小事情，比如准时开会，以社交谈话方式开始开会，或者写电子邮件的正式程度。

这些成分相互影响，共同形成文化，使文化显得非常复杂和棘手。它们共同构成相互干预和影响的"成分"系统。（有关系统思维的更多详细信息，请查看彼得·圣吉[①]的工作成果。）更改相互干预和影响的成分系统很难，原因有两个。首先，每种成分在缺少其他成分的联系时无法单独研究。其次，一个人无法了解整个系统，太复杂了，需要有不同的观点。幸运的是，这并不意味着文化是固定的，不能改变。解决方案是从一种或者两种成分开始，同时运用不同人的观点和经验从整体上来看待问题。

根据我过去几年的经验，一种改善文化的良好实践主要基于三个方面：初始习惯、符号和精神领袖。通过首先改变习惯（常规行为），然后添加更好的符号（报告、概述和列表），开始进行文化变革。之后，需要新的精神领袖或者新的非正式领导人来使文化真正地扎根。

如何改呢？采取以下（迭代）步骤。针对在文化改进，可以采取以下四个步骤。

1. 发现要改的某一文化组成部分。

2. 与少数人一起头脑风暴，得出能够驱动现有文化的习惯。

3. 发现能够驱动预期变化的新的好习惯。

4. 通过调整符号（报告、概述和列表）并引导非正式领导者表现出正确的行为来固化新的文化。

---

[①] 中文版编注：美国系统科学家，MIT 斯隆管理学及高级讲师，新英格兰复杂技术研究所美化教授学习型组织协会赞助人，代表作《第五项修饰》。

接下来要逐一描述这些步骤。实施这些步骤，可以改变文化，但不会一下子就出现颠覆性的转变，而是通过许多小的迭代来逐步改变。这四个步骤可以用于单个改进或者同时用于多个改进。成功的敏捷领导者会不断改善文化，帮助团队始终处于积极向上的环境中。健康的文化对蓬勃发展的自管理团队至关重要。文化始终是团队的氧气，没有它，协作不可能发生，团队也无法有效地关注客户的影响。虽然无法微观管理或者控制团队，但领导者对创建和改善文化至关重要。因为，正如我所描述的，自管理团队需要有正式的领导者。

为了聚焦于文化这个主题，让我们先仔细研究一下什么是敏捷文化。

## 什么是敏捷文化？

如前所述，文化也要与敏捷的工作方式相匹配，敏捷文化[①]对于成长尤为重要。

- 团队的结果比员工个人的结果更重要。
- 客户和用户的称赞与欣赏是成功的铁证。
- 不同学科的员工交流知识和经验，通过试验来不断创新。
- 团队思维至关重要，没有一个员工能够独自看到全局。
- 一旦出现错误，就要以公平和透明的方式来说明错误，让许多人都能从中吸取教训。
- 非正式的意见领袖着服于团队取得成功和帮助他人成长。
- 过早停止项目、产品或者想法并不是失败，而应该庆祝，因为已经从中学到了一些经验。

---

① 中文版编注：可以参考《敏捷文化》和《正确敏捷》。

- 帮助客户比遵循内部流程和程序更加重要。

与几个人一起针对敏捷文化的这些方面进行头脑风暴，能够找到第一个改进起点。如果一个组织的当前文化不同于前面对敏捷文化的描述，那么敏捷方法可能永远无法使组织进一步发展壮大。

在确定了第一个文化改进点之后，让我们深入了解习惯是如何影响文化以及习惯是如何改变的。

## 为什么现有的习惯阻碍了新文化？

在 Rob 着手引导改变之前，他的部门有一些已经养成的习惯。首先是积压工作的习惯。单个员工的待完成工作量很高，他们无法在几天内完成自己的工作，原来的习惯是不向外寻求帮助，而是下班时间一到，就马上回家。假设有人试图改变这种习惯并寻求帮助，其他人可能会开始提供帮助，但自己的工作却无法完成，以至于各项指标上看起来很糟糕。这并不是对新行为的奖励，因此永远不会形成帮助他人的习惯或者文化。假设 Rob 在"今天内，今天外"组织一次充满活力的活动，其中包括各种鸡汤（鸡血）演讲、文化研讨会和其他启发性会议。这会产生长期影响吗？可能不会，因为员工很难凭个人的力量解决问题。现有的组织结构阻碍了新文化的发展。

## 什么是习惯？

习惯是一个人习惯性的行为，而不是一个人明确的思考。想想刷牙，红灯前停车，紧张时晃肩膀，回家后脱鞋。一个习惯包括三个步骤：触发、惯例和奖励。这个习惯被触发，然后程序例行，最后受到奖励。这三个部分一起形成了一个习惯（图 4.1）。

图 4.1　习惯

让我们仔细看看习惯的三个环节。

- 触发

触发条件是情景、时刻或者事件。触发器会引发个人或者团队的反应。就像按下按钮来启动习惯一样。因为较早的（积极的）经历而形成的心理上的反应和行为。无需过多思考或者考虑，就可以启动先前的操作或者行为。

- 惯例

惯例是一开始可能觉得不舒服但逐渐变得越来越熟悉的行为或者行动。比如，从开门到反应，掩饰错误，更努力地工作，甚至体会到压力，感到快乐，微笑等。刚开始时，这种行为可能会感觉很新鲜或者很尴尬，但由于有正向的奖励，所以这种行为很快成为一种惯例。

- 奖励

奖励是行为的积极结果或者感受到的好处。例如，能够更加轻松地做某事或者预防疼痛，还包括比如觉得有人欣赏，有团队归属感或者对自己更有利。奖励必须几乎是即时的。几天后获得奖励的行为不是惯例。

由于有了这种奖励，我们的大脑在触发和动作之间建立了越来越强的联系，除非我们立刻采取行动而不加以任何考虑。

## 习惯如何改变？

新老习惯如何融入习惯环？

### 习惯1：自有工作积压

为了实现向他人帮助的转变，员工的新行为必须能够在短期内立即得到回报。例如，如果员工得到帮助，除了感觉到团队的力量帮助自己完成了当天的工作外，这种行为更有可能成为一种惯例（表4.1）。但在目前的处境下，求助是行不通的，因为每个人都很忙。如果有人要提供帮助，他的工作量就会加大；所以，可能没有人会提供帮助。工作时间长也无助于事，因为这涉及到一个系统性问题。人们可能会工作几天，但这不是例行公事，因为工作量仍然很大。因为没有其他短期见效的行为，所以没有人能够改变习惯从而在个人层面上改变文化，因此现在的习惯是现有文化一个很重要的组成部分。只有在新的行为在短期内获得积极的感觉后，新行为才能蓬勃发展，新的行为习惯才能够改变企业文化。

表 4.1 自有工作积压

|  | 旧习惯 | 新习惯 |
| --- | --- | --- |
| 触发 | 白天，员工查看自己的工作量 | |
| 惯例 | 看到大量的工作积压，在下午余下的时间里尽力而为，但一天之内完不成。不寻求帮助 | 看到工作积压，但是太多了，无法在当天下午完全解决完。向团队咨询并向其他团队寻求帮助 |
| 奖励 | 没有负面的感觉。与其他员工的工作积压相同。没有人要求帮助 | 感觉到团队的力量。一天结束时工作积压为零。对工作已经完成感到满意。准时回家 |

## 习惯 2：出事了

表 4.2 说明了出错时会发生什么情况。

表 4.2 出问题时会发生什么情况

|  | 旧习惯 | 新习惯 |
| --- | --- | --- |
| 触发 | 发现了错误 | |
| 惯例 | 责怪别人。指出都是别人的问题 | 与其他人一起进行头脑风暴，找出根本原因和可能的解决方案。从错误中学习并改进 |
| 奖励 | 没有负面的关注。无需更改。专注于自己的工作 | 团队精神。真正实现了改进。错误的数量减少了。有更多满意的客户 |

一旦有失误或者发生错误，以前的管理者就会找原因："出了什么问题？"这个例子的习惯环见表 4.2。"罪恶感"可以说是一记耳光。由于没有分享给其他人，因此类似的错误无法避免。公开分享错误的员工会引起管理者的负面关注，花时间实施改进的员工个人的工作负担加重了，前任高管对此并不感激。结果，这种习惯在员工层面无法改变，因为短期内得不到回报。

只有当 Rob 定期与各种员工进行讨论改进并使这些改进真正变得切实可见时，新习惯才会慢慢出现。Rob 还通过在部门会议上分享自己的错误以幽默的方式来树立了榜样。

由此可以得出结论，习惯是文化变革的重要工具。这样做的时候，敏捷领导者就像一个习惯设计师一样，设计出可以积极改变文化的新习惯。接下来的几个小节中，我将讨论有助于营造敏捷文化的两个实用工具：习惯矩阵和 TO-GRIP 模式。

### 习惯的复制速度有多快？

文化越强，新员工模仿日常习惯的速度就会越快。如果为彼此煮咖啡，新员工在一天内就能照搬，从而加强这种企业文化。这同样适用于（不管当天的工作是否完成）下午 5 点左右下班回家这一习惯。新员工在刚开始的时候为了完成工作而加班，如果工作环境没有给什么奖励，他们通常就会停止这样做。

在《大脑游戏》中，展示了一个关于快速习惯如何成为群体文化一部分的精彩研究。在 YouTube 上搜索"Social Conformity-Brain Games"，这是一个大约 4.5 分钟的视频。你会看到一个女人进入候诊室，随着"哔哔"一声，候诊室里的每个人都站了起来。她要多久才能像其他人一样养成这个习惯？正好是三声蜂鸣。如果候诊室里没有其他人，她还会继续站起来吗？她会把行为转移到一个新的群体中吗？在视频中，你终于看到了一个全新的群体，等待的人听到哔哔声全都站了起来。这是一个清晰的习惯性循环：触发来自声音，惯例是站起来，奖励是"归属感"。团队压力可以促成新的习惯。

# 4.2 如何设计好的习惯?

"领导者要以身作则,即使没有人在关注自己。"

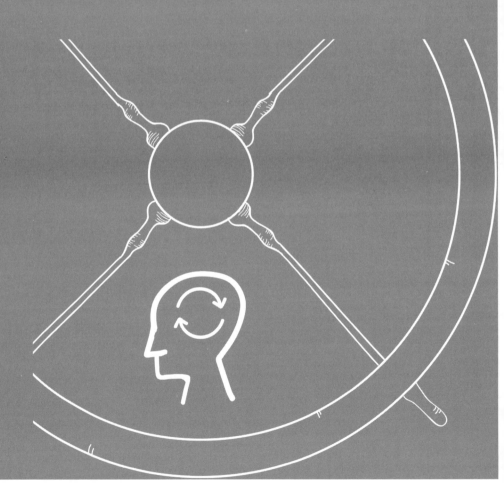

设计好的
**习惯**

## 开篇问题

1. 组织中哪些习惯对敏捷文化有贡献?为什么?

2. 你曾经试图改掉哪些不良习惯?

文化始于习惯，要想改文化，就得从习惯开始。保留对敏捷文化有贡献的习惯，改掉破坏敏捷文化的习惯，不良的习惯。敏捷领导者如何识别对敏捷文化无益的习惯呢？如何识别破坏协作、阻碍持续改进并阻止团队敏捷的习惯？

有两个步骤可以发现不良习惯。首先，领导者必须了解不良习惯是怎么形成的；其次，必须集众智，对引起不良影响的根本原因进行头脑风暴。

## 好的习惯和不良习惯

如何找到对敏捷文化无益的习惯呢？第一步是了解不良习惯是如何形成的。不幸的是，不良习惯在实际工作中通常难以识别。从习惯环中可以看出，任何习惯的短期奖励都是积极的。因此，这种区别就只能看长期影响。这里给出找到不良习惯的关键：特意寻找长期的负面后果。

表 4.3 显示了具有不同短期诱因和长期影响的习惯。

表 4.3　好习惯和不良习惯与纪律之间的关系

|  | 好习惯 | 不良习惯 | 没有习惯，纪律要求 |
| --- | --- | --- | --- |
| 奖励 | 积极的 ☺ | 积极的 ☺ | 消极的 ☹ |
| 长期影响 | 积极的 ☺ | 消极的 ☹ | 积极的 ☺ |

为了杜绝这种长期的负面影响，我们有时候会禁止某些行为，或者纯粹基于工作准则来行事。知道习惯是如何起作用的，还不至于改变潜在的

自然行为。当控制或者惩罚降低时或者被弱化时，潜在的习惯会重新出现。这是因为，要改变基本习惯，需要有短期的积极回报。

作为管理者，为了举例说明不良习惯，我习惯于回答直接下属问我的每一个问题，因为我是一个懂技术的领导者。这种做法有一个直接的短期回报，因为下属得到了一个很好的答案（或者最初看起来是这样），我呢，则觉得自己聪明，有人需要自己。但长期的缺点是，我没有教员工自己去寻找答案，有时我给出的答案可能并不够好，因为我并不知道问题的所有细节。忽略问题或者根本不回答也不起作用，因为这会给直接下属和我一个负面的回报。给他们这个答案"你可以自己搞清楚"纯粹是基于工作职责，因为这也没有让我感到自己被需要（也没有被认为聪明）。从习惯的本质来看，我必须找到一种新的行为，它能给我一个积极的短期奖励和一个积极的长期效果。那会是什么呢？让我们在矩阵中看一下这个例子（表4.4）。

表4.4 矩阵

| | 不良习惯 | 纪律要求 |
|---|---|---|
| 触发 | 人们问我各种各样的问题，我想我知道答案。 | |
| 惯例 | 回答 | 说"你可以自己解决这个问题。" |
| 奖励 | 觉得被需要。人们对答案感到满意（看起来） | 没有感到被需要。人们不快乐，因为他们已经试图自己去弄清楚 |
| 影响 | 很多问题。没有学着自己去找答案 | 更多的问题没有解决，人们也没有得到较大的成长 |

所以，看看矩阵，我似乎必须找到一个新的行为，使其有短期和长期的积极作用。我尝试了几件事情，在和一个教练交谈之后，我找到了一个（相对简单的）解决方案来教练和指导这个人找答案。例如，我尝试了表 4.5 中列出的两件事。

表 4.5　替代方案

|  | 替代方案 1：导师 | 替代方案 2：学习文化 |
|---|---|---|
| 触发 | 人们问我各种各样的问题，我想我知道答案 | |
| 惯例 | 说"您已经做过什么了？让我们用它来找新的解决方案。" | 说"将答案也放在论坛或知识库中" |
| 奖励 | 觉得被需要。人们对更好的答案感到满意（看起来） | 觉得被需要。在知识库或论坛中查看了答案，因此已正确记录答案 |
| 影响 | 对于简单的问题，他们可以自己找到答案，这节省了我的时间。对于更难的，我们一起做 | 其他人看到了知识库的价值并开始使用它。慢慢地，这有助于组织文化转变为学习和共享的文化 |

前面的矩阵是习惯矩阵这个新工具的基础。这是本书的第 7 个工具，也是第 4 章的第一个工具。

## 工具 7：习惯矩阵

不幸的是，人们往往不可能直接看到个人习惯对文化的影响。因为惯例有短期的正面回报，但对文化却可能有长期的负面影响。那么，怎样才能找到不良习惯呢？最好先研究一下不受欢迎的长期影响，然后召集一群人来发现或者揭示潜在的不良习惯。在这个过程中，我开发了一个工具来帮助敏捷领导者：习惯矩阵。这个工具能够支持文化研讨会中的敏捷领导者。研讨会的目的是发现不良影响和潜在的不良习惯，并共同设计好的习惯。习惯矩阵如图 4.2 所示。

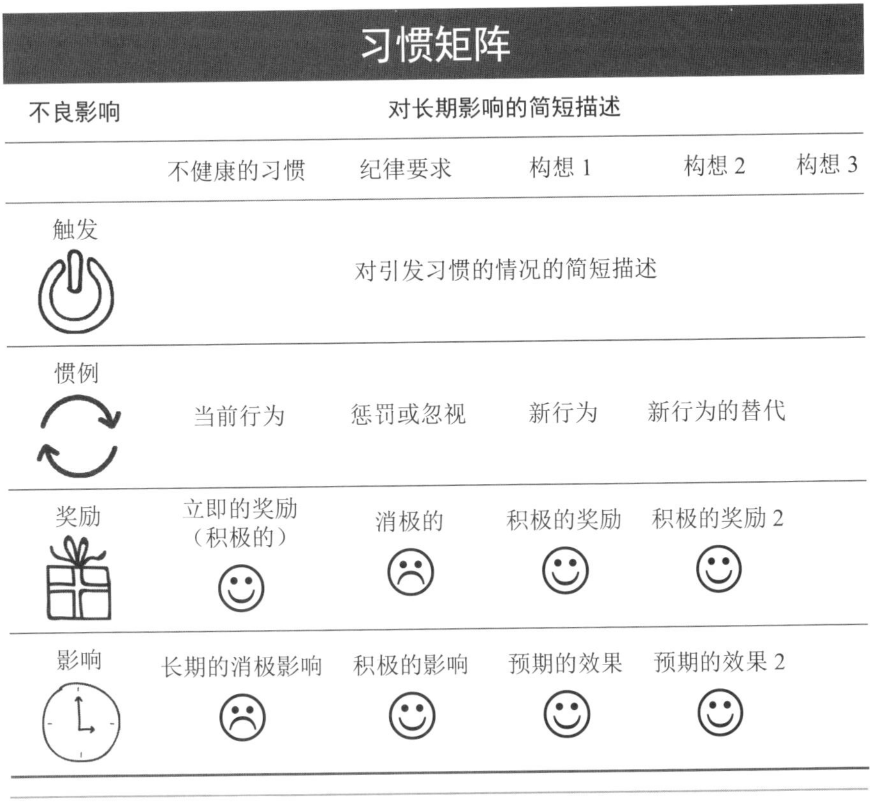

## 习惯矩阵

| 不良影响 | 对长期影响的简短描述 | | | | |
|---|---|---|---|---|---|
| | 不健康的习惯 | 纪律要求 | 构想 1 | 构想 2 | 构想 3 |
| 触发 | 对引发习惯的情况的简短描述 | | | | |
| 惯例 | 当前行为 | 惩罚或忽视 | 新行为 | 新行为的替代 | |
| 奖励 | 立即的奖励（积极的）☺ | 消极的 ☹ | 积极的奖励 ☺ | 积极的奖励 2 ☺ | |
| 影响 | 长期的消极影响 ☹ | 积极的影响 ☺ | 预期的效果 ☺ | 预期的效果 2 ☺ | |

图 4.2　习惯矩阵

通过连续执行以下步骤，可以填充习惯矩阵。

1. 描述当前的不良影响。

2. 以一种非常具体的方式描述引发习惯的一种典型情况。重要的是使其尽可能具体，不要写"我看苹果派"之类的字眼，而要描述当时的情况、感觉或者环境。

3. 然后描述当前惯例。

4. 描述直接回报。为了最终设计出好的新习惯，这个步骤很重要。第一次尝试能够较好地描述回报通常会失败，但这有助于进一步花时间提问和共同努力，从而使直接回报的描述更加具体。在苹果派的例子中，回报不是饱腹或者可以吃的派，而是好味道让人可以得到放松、精力充沛和享受。

5. 把工作准则讲清楚。这是基于意志的行为，没有积极的回报。做出（负面的）短期激励，使其无所作为或者采取具体的纪律处分。但是，长期影响往往与这种纪律无关。

6. 集体讨论其他习惯。尽量使当前的惯例与短期奖励相匹配。

设计良好习惯最重要的关键是找到既有几乎相同的短期激励但现在有积极长期影响的新行为。这通常需要大家一起集思广益，与他人一起进行搜索、试验和探索替代方案。

下面有一些具体示例，这些示例既可以识别基本习惯，也可以设计好的习惯。

## 认识到潜在的习惯：两个例子

下面介绍两个认识潜在习惯的例子。

### 示例1：没有改进

有几次，我们成立了一个委员会来提出改进方案并提交给管理层。过了一段时间，并没有什么真正的改善。为什么？这些改进是切实的、具体的而且有明显的好处。从发现不良习惯的角度出发，新的认识油然而生。

有一个习惯是缺乏真正改善的诱因，管理者在工作日发现工作无法完成时，要求员工更努力地工作，必须完成当天的计划安排。这就触发了日常工作更加努力，专注于短期工作量。在日常工作中，员工主要根据当天的情况来获得奖励。因此，员工在一天和一周结束的时候都会有一种非常满意的感觉。做了额外工作的员工会因此而得到同事的赞赏。

敏捷领导者必须创造这样的惯例：如果落后，我们将不再努力工作。如果员工确实做出了改进，但数字（工作）不好看，我们将不胜感激。不能在员工层级更改这个惯例，敏捷领导者不能要求员工自行解决这个问题，而是必须通过改变结构来改变文化。让我们从员工的角度来看一下习惯矩阵（表 4.6）。

表 4.6　习惯矩阵：无改进

## 习惯矩阵

| 不良影响 | 有改进的想法，但是没有实施。没有持续学习和改进的文化 | | | |
|---|---|---|---|---|
| | 不良习惯 | 纪律要求 | 构想 1 | 构想 2 |
| 触发 | 每天的计划都延期 | | | |
| 惯例 | 努力工作和/或更长时间工作 | 到了 5 点就停止 | 计划改进 | 提高休息日的利用率 |
| 奖励 | 目标和计划达成 | 不满意的客户和管理者 | 目标和计划达成 | 实施改进 |
| 影响 | 快速解决，没有改进。筋疲力尽，每天周而复始 | 及时回家，没有改进 | 可靠和长期的解决方案。有效的 | 长期解决。改进的文化 |

员工真的很想改进。但在目前的体制下,这一结构并不鼓励他在这方面花时间。只有降低压力,减少对短期产出的关注,员工才能开始实施改进。敏捷领导者必须通过改变系统来为新的习惯创造空间。他通过改变环境和创造新行为的短期回报来建立新的习惯。这种新的行为可以适应并成为新文化的一部分。

## 示例 2:没有团队合作者

在实施敏捷工作方式之后,有几个团队成员没有成为团队中的一份子。以 Matthew 为例,他在这家公司工作了 20 多年。近几个月来,有几个人都在抱怨他的自负。Matthew 认为自己的工作比团队的工作更重要。他经常说自己是靠个人取得的成就(比靠团队取得的成就多得多)。一有其他经理直接向 Matthew 提出客户投诉或者严重缺陷,Matthew 就会离开团队去处理,然后迅速救场成功。许多高管和客户都看重 Matthew 快速分析和解决方案的能力。他得到了表扬,其他部门的同事也对他的表现表示感谢。

敏捷领导者必须打破的不良习惯是,面临真正很重要的情况时,我们习惯于固定去问某一个人。这就给所有人造成一种印象,一旦发生问题,团队的重要性不如这个成员。这就没有了团队文化和合作。Matthew 的习惯矩阵是什么样的?什么样的新行为可以在敏捷文化中蓬勃发展?我们看一下表 4.7。

表 4.7　习惯矩阵：没有团队成员

## 习惯矩阵

| 不良影响 | 高级员工不是团队一份子，而是个体的"救火队员" | | | |
|---|---|---|---|---|
| | 不良习惯 | 纪律要求 | 构想 1 | 构想 2 |
| 触发 | 客户投诉或者严重缺陷 | | | |
| 惯例 | "救火队员" Matthew 来解决 | Matthew 禁止单独提供帮助 | 保留时间用于修复和系统化解决 | Matthew 与其他被指导员工一起解决问题 |
| 奖励 | 被人拍着后背，当作救世主。被视为专家 | 解决很慢，Matthew 很沮丧 | 团队作为一个整体来提出系统化的解决方案 | 工作中进行知识转移。在一起系统化解决 |
| 影响 | 迅速解决，没有改进 | 有一些知识转移，Matthew 的独特性减少 | Matthew 被视为系统化解决方案的指导者和推动者 | 长期解决，知识转移 |

这种行为方式形成习惯的原因之一是汇报全都给了 Matthew，而真正的负面影响则给了别人。Matthew 对自己身为救火队员的工作几乎没有任何负面（长期）影响。由于 Matthew 在组织中其他部门的地位，他已经成为团队中的非正式领导者或者英雄。由于团队是动态的，所以团队无法仅依靠"自管理"来解决这个问题。敏捷领导者必须介入其中，改变系统和"英雄"状态。在下一小节中，我们将详细介绍团队的动态性和英雄。

## 敏捷领导者的角色

可以得出结论，用新的好习惯代替不良习惯是改变文化的好方法。敏捷领导者的角色是习惯架构师的角色。为此，他必须深刻认识到不良习惯造成了不必要的文化影响、情况或者结果。然后，他可以和其他人一起用好习惯来代替不良习惯，这些新的好习惯确实有助于形成敏捷文化。敏捷领导者必须捍卫企业文化，尤其是在有压力或者负担的时候。因为如果在令人失望的结果的压力下，短期的良好行为激励得不到满足，合作、长期投资和相互学习就会被推迟。这是一个不良习惯可以快速生根的时刻，精心构建的敏捷文化可能会崩塌。

因此，在改良文化的四个步骤中，第一步是定位改进点，第二步是发现潜在的不良习惯，第三步是设计好的习惯，最后但同样重要的一点，第四步是通过与符号和精英对齐来锚定变化。让我们仔细看一下。

### 两位文化领袖

印度圣雄甘地（Mahatma Gandhi）在 1900 年初期发起了一场运动。他呼吁人们以非暴力方式抗议对印度人的种族隔离和压迫。他是新文化的领导者。他发动人们，但不选择暴力，因此只是选择了短期效果，而不是选择长期效果。他激励人们不惜一切代价寻求真正的长期变革。

曼德拉（Nelson Mandela）也是新文化的领袖。他在建立新南非方面的影响力享誉全球并因为这项工作而获得诺贝尔和平奖。在 1964 年至 1982 年的长期监禁期间，他开始对不同的人群产生同情。他发现白人因为害怕种族灭绝而控制其他种族，这种恐惧加剧了种族隔离。曼德拉可以成为新的领导人，因为他能够真正理解他人的需求、恐惧和想法。

他了解人们的行为动机以及如何激励领导者。结果，他日后可以弥合本地的文化差异。他启发并激励人们不要追求短期结果，要去解决痛苦并寻求长期的利益。这样的经历使他成为了个人英雄。

# 4.3 锚定持续改进文化

"我们就是要反复去做。因为,卓越不是一种行为,而是一种习惯。"

——威尔·杜兰特[①]

---

[①] 中文版编注:Will Durant(1885—1981),美国作家,历史学家和哲学家代表作有《文明的故事》(II卷)和《哲学的故事》,1968年普利策奖得主和1977年美国总统自由勋章得主。

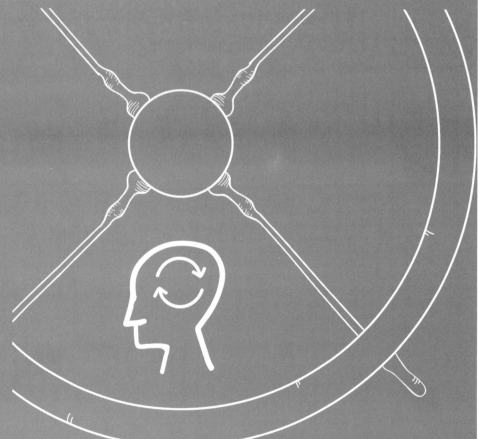

设计好的
**习惯**

### 开篇问题

1. 组织中的英雄都有谁呢?他们有没有在推动和支持健康的文化?

2. 哪些英雄是理想文化的个人典范?

## 开篇故事：敏捷文化在销售部门的重塑

Mike 在周一上午 9 点举行了销售会议。他已经担任了多年的总监，但现在想开辟一条新的业务线。在现有的细分市场，前三名都是公司的产品，正保持着良好的盈利状况。但是，为了适应未来，必须开发新的细分市场并且有相应的可销售产品。Mike 一直知道，多年来两个销售业绩最强的销售员是公司的"英雄"。这两个销售员拿下了非常大的订单，这在很大程度上促进了公司的成功。想要销售其他新产品和创新类产品的其他销售员不得不花更多精力去拿下更多小的订单，即使他们的工作能够支撑组织的未来，但他们并没有脱颖而出，与两个销售员英雄相比，他们不是在忙于新产品市场的开发，就是正在制造新产品。

Mike 不得不选择改变。最初，他成功地引入了新习惯，更多合作，将客户聚集在一起并共享知识。但是，这还不足以带来必要的变化。是时候改变销售英雄，或者是时候树立新的英雄了。

Mike 花了一段时间才意识到，组织中的报告、奖金和晋升规则决定了谁才是真正的"明星"。他已经开始将这些驱动要素称为"符号"。首先，Mike 觉得必须更改报告，他以不同的顺序显示订单，起决定性因素的不是订单金额的大小，而是是否涉及到创新类产品。突然之间，其他订单排在第一位，两个明星销售员之外的其他销售员也可以告诉大家怎样操作才能售出这些产品，这些销售员得到了更多的关注和赞赏。Mike 反复强调了为什么新的报告概览（包括订单顺序的调整）对公司的未来很重要。

几周后，Mike 注意到原来的英雄销售员开始发生变化。两位英雄销售员调整行为方式，开始销售创新类产品，虽然成交量并没有多大的交

> 易量。他们开始成为新思维方式的英雄。那些最初不想改变的销售员几乎没有受到任何关注,如果那些人不想在一段时间后被调整,就需要与 Mike 进行充分的沟通。幸运的是,新的英雄还从其他员工那里获得了所有奖励,他们成为新的非正式领导者,有了真正的变化。

## 谁是敏捷文化的英雄?

敏捷文化的英雄或者非正式领导者是那些态度和行为都成功的人,他们的行为被其他人模仿。他们有所谓的追随者,这些追随者也希望获得成功,因此会复制英雄的行为。英雄可以对文化产生正面或者负面的影响。例如,当某人作弊、说谎以及不会帮助他人,但他的举止使他获得了成功,如果他没有被领导正式纠正过,那么他的举止很可能会被其他人效仿,导致文化被瓦解。有新人加入或者晋升时,如果表现出相反的举动而获得了成功,同时他是开诚布公的、真正的团队合作者,那么他就可以与现有的英雄抗争并在团队中获得非正式领导者的地位。然后,他就可以推动新文化的发展,不久之后,组织会呈现出完全不同的环境和氛围。

因为英雄需要被认为是"成功"的,所以英雄的地位由诸如报告、列表、概览和奖金等符号来支撑。因为他们非常成功,所以有人会模仿他们的行为。他们很可能反复表现出同样的行为,从而成为文化的锚。英雄从基本的团体动态互动中获得了自己的地位,其思维方式被复制,因而有人会效仿他们的行为。获得"英雄"地位之后,他们对环境存在着非正式的影响。

为了了解为什么现有的文化如此难以改变以及在文化中锚定新的行为如此之难,敏捷领导者必须留意这些英雄。成功的敏捷领导者能够清楚而具体地描述他们对影响他人的期望,期望越形象、越具体,敏捷领导者就越容易认识、欣赏和支持合适的人。引导英雄走上新的工作道路，实际上是一种有效推动变革的方式，这不是一种重方法、里程碑和巨大压力及力量的改变。它是完全相反的，是一种病毒式的变化，引人注意的变化，并且会在整个团队中广泛传播。

这些非正式领导人将成为其他人的榜样，并带领其他人一起转变。可以得出结论，当符号和英雄对齐后，文化便锚定了。为此，重要的是报告、概述和晋升等活动可以催生合适的英雄。

## 少数人为多数人定义文化

通过英雄范式审视文化，会产生不同的文化变革视角。敏捷领导者只需要专注于少数英雄，即可改变多数人的文化。当这些英雄表现出新的行为、新的习惯并提供敏捷文化的个人实例时，他们将影响到其余的人。这为实际变革创造了全新的思维方式。敏捷领导者通过影响合适的少数英雄来启动变革，这些英雄随后将影响其余的人。这里强调在组织中拥有合适英雄的重要性，一旦有不合时宜的英雄影响到其他人，敏捷文化就无法发展。

从团队动力学的角度来看，其他员工几乎不可能影响到不合时宜的英雄。这是敏捷领导者的角色和责任。他必须介入并采取行动。通常有两个选择。

- 影响并说服英雄做出改变。
- 采取强硬措施，并最终在必要时解雇对文化有不良影响的英雄。

## 如何锚定文化的进步？

找到一个文化改进点、发现不良习惯并设计新的好习惯来取而代之以后，最后但同样重要的一步是锚定文化的改良。考虑采取以下步骤来真正实现文化的改良。

1. 改变组织的符号以促进敏捷行为。这些符号包括报告、概览、晋升规则和奖金。如果这些符号能够促进短期思维，比如努力工作、不分享知识以及文过饰非，那么这些符号就决定了谁是英雄。另一方面，如果符号能促进长期目标的实现，比如齐心协力，那么敏捷英雄将会茁壮成长。

2. 发现英雄。谁会得到奖赏，谁会被其他人跟随？谁的行为会被效仿？与这些人一对一地交谈，了解他们的动机、激情和才能。

3. 公开与小组讨论我们对彼此的期望。树立良好行为的清晰形象。

4. 用新的行为、心态和态度来成就英雄。这可以通过指导现有的英雄来适应或者指导树立新的英雄来完成。

5. 如果需要，对不合时宜的英雄采取严厉的措施，如同除掉田间的杂草一样。

可以得出一个结论：非正式领导者通过改变符号来产生或者形成，同时在改变中对他们进行指导。此外，这些非正式的有影响力的人有机会改变同事。如果他们以新的态度和行为成功地成为其他人的榜样，那么敏捷文化就可以成为现实。

现在还有一件事很重要：敏捷领导者自己围绕着战略点和改进来实施的习惯。敏捷领导者如何培养良好的习惯来做出决策和改进以及设定目标和给出方向？下一节中，我将给出一个实用的工具。

## 4.4 实施改进后的好习惯

"在一个复杂的环境中,改进是无法计划或者进行预算的。逐步探索改进。"

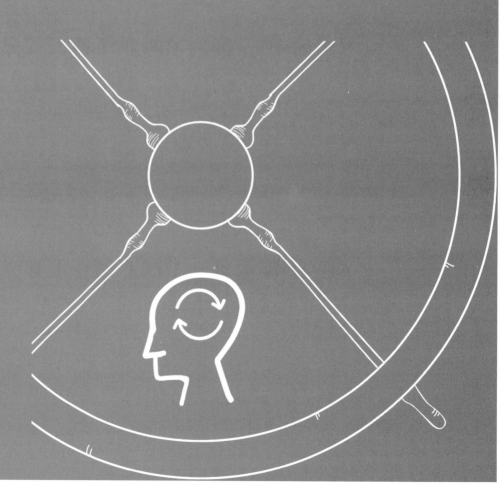

设计好的
**习惯**

### 开篇问题

1. 组织如何实施战略改进?

2.. 哪些战略改进如此复杂和不可预测以至于无法计划?

## 开篇故事：巩固好的习惯

快到本书的结尾了，让我们再来看看 David，我在前言中提到过他。他已经做了 9 个多月的敏捷领导者，他对过去几个月发生的成功变化非常满意。他觉得自己已经度过了最困难的时期。他现在知道如何设定目标及增加对客户的关注。他还认为，团队现在拥有所有权是因为他们取得了适度的自由。他们的主动性不断增加和提升。幸运的是，团队现在从客户身上学习得更快，所以，如果他们做得更好，就会知道得更多。

David 打电话给我，他还在为最后一个重要的问题而感到困惑。一些本地团队改进得非常好，但是必须在多个团队中实施。团队可以很好地实施与个人关注点和客户影响直接相关的改进。但很难实现跨多个团队的大规模改变，而且到现在都还没有成功。例如，整个客户旅程需要改进，软件代码的质量也必须提高，另一个改进涉及在固定期限内必须遵守法律法规。为此，几个团队必须共同努力。David 个人习惯于自己做这些分析、起草计划和提供预算。如果再这样做，他将再次打破精心构建的敏捷文化。他预见到，团队将把这看作是命令和控制，因而学不会自己处理改进，也不会主动负责这些主题，David 得关注细节，而不是改善环境。

David 知道改变应该从自己开始。他想让自己养成一个新的习惯来做出重大改进和改变。只有这样，他才能指望员工也能独立做到这一点。但有什么好习惯呢？为此，David 希望以这样一种方式实现这些重大改进，从而能够加强协作、试验和向客户学习的文化。他有一个想法：让不断学习、量化及快速调整的原则适用于这些重大的改进和变化。他在执行过程中向我寻求支持。我们一起发现了本书最后一个工具 TO-GRIP。

## 赋能改进

敏捷领导者负责改变和改善自管理团队的环境，以促进团队的成长。团队有像农作物在田间生长一样的自然趋势。农作物如果长势不好，农民会改造环境直到农作物能够茁壮成长。

在运用了前面描述的工具之后，团队获得了鼓舞人心的指导，他们拥有产品和服务的所有权，并且通过迅速向用户学习来不断改进。但敏捷领导者如何改善持续改进的文化？没有这种文化，当前的绩效水平可能会在周围加速发展的同时仍然止步不前。领导者可以（传统上）决定推动团队并设定雄心勃勃的目标，但这些并不能改善文化。领导者也可以等待他的团队加强和完善，但如果这样花的时间太长或者效果还不够明显，怎么办？领导者如何利用自管理团队文化？

如果还要对改进加以一定程度的控制，就更好，可以使我们清楚地知道改进的当前状态以及下一步可能要做的事。

团队如何互相学习？自管理的团队不会通过固定的预先计划来进行学习。这太传统了，而且根本不可能，因为新的改进有待探索和发现，没有可以用的地图或者快速解决方案。团队通过社区学习来学习，巨大的变化和改进正在传播中。推动病毒变化需要三个基本要素，它们部分源自 Leandro Herrero[①]的工作[②]。

1. 一小群人可以在创造变革中发挥着巨大的力量。

2. 正式的领导者和机构必须支持这一小群促成变革的人。

---

[①] 中文版编注：变革管理专家和精神病专家，2013 年达沃斯世界通信论坛"达沃斯大奖"得主。
[②] https://leandroherrero.com/the-key-viral-change-principles/

3. 变革的第一步应该能够快速获得收益和回报。

在过去的几年中,数以百万计的人迅速适应自己的行为并复制了他人的行为。从《愤怒的小鸟》和《精灵宝可梦》到 Facebook 以及用智能手机进行电话以外的事情,大多数成功都是由于牢牢把握了这三个基本要素。

## 相对较小的团队

在变革创造中具有强大力量的小团队首先包括发起这一想法的少数人。对于《愤怒的小鸟》,角色和游戏概念来自芬兰的 Jaakko Iisalo。他与一小部分人一起开发了原型并发布了第一款游戏,现在还有数百万人每天都在玩这个游戏。《精灵宝可梦》于 2016 年推出,制作团队在变革创造方面拥有强大的力量,截至 2018 年 5 月,该游戏已被下载超过 8 亿次。⑤

## 支持

由于移动互联网基础设施和智能手机所需要的所有技术在内的许多因素,使《愤怒的小鸟》和 Facebook 的成功成为可能。30 年前,这些变化是不可能的,因为没有相应的支持。

## 第一步

诸如《精灵宝可梦》之类的游戏和诸如 Facebook 之类的社交媒体都在最初的几分钟内分别设计了游戏玩法,而且上手易用。《愤怒的小鸟》第一关非常简单,用户觉得自己可以做到。Netflix 指出,用户应在 60 到

90 秒钟内看完一部新电影，否则他们可能会失去兴趣并转向其他电影。因此，新行为的第一步应该能获得简单而迅速的回报。

那么，这些对社会变革的见识如何应用于公司中来推动团队内部的变革？

## 工具 8：TO-GRIP

近年来，我看到许多领导者为实施重大改进的计划而奋斗。除了进行分析、计划和管理成本之外，他们还在寻求其他方法。这里要介绍一个实用工具 TO-GRIP。该工具支持集体讨论和持续改进。TO-GRIP 可以支持敏捷领导者营造一个环境，让不同的团队共同实施重大改进。

TO-GRIP 是本书要介绍的第 8 个工具，它由 6 个部分组成。

定义并制作一个简洁的故事（图 4.3）。该工具的每个部分都有用。开始时，并非所有部分都能够一步到位，有些部分可以在几天或者几周后填写。该工具基于社会或者病毒式变革的思想，其中的变革或者改进由少数人发起，而其他人则模仿跟随。它可以用于改进战略要点或者重大变革的实施。敏捷领导者（无论是团队成员）还是非正式领导者，都可以主动使用这个工具。

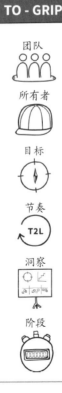

图 4.3　工具 8：TO-GRIP

在一个由不同员工组成的工作坊中，TO-GRIP 将围绕一个主题进行创建和填充。由于有六个组成部分，所以这一主题变得可量化、期望变得明确并就今后一个时期的合作达成具体协议。

让我们仔细看看这个工具的各个组成部分。

## 团队

谁来推动改变？哪个小型团队可能在创造变革方面拥有强大的力量？可以是现有团队，也可以是来自不同团队而重组的新团队。该团队将正式获得所有权所需要的适当的自由（请参阅第 2 章）。例如，任务可能是制定标准、更改阻止变革的现有规则或者购买必要的产品。

## 所有者

谁是这一变革的领导者？谁对变革期间的后果或者错误负责？此人可以是有任务授权的经理，也可以是可以快速批准必要变革的另一个人。他将推动变革、授权团队并在需要时确定优先级。他对当前的痛苦和期望的激情都有着（共同的）愿景。

## 目标

什么是挑战、问题或者改进？我们想要达到哪些可量化的目标？这如何转化为（积极的）客户影响？一个好的做法是用一个有形的指标和趋势线来衡量进展。

一个较好的做法是添加一个标语、视觉图标或者标志。

### 节奏

团队什么时候开会？时间表？预期的 T2L？

在复杂的环境中，无法计划或者安排变革。节奏是详细计划的另一种选择。节奏可以构建结构，它使我们能够做到以下几点。

- 重复检查进度和状态。
- 调整方法。
- 告知利益相关者并寻求帮助。

我们不知道一个月后做什么，但知道每周都要依据最新的领悟和经验来改进并随时通报。

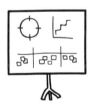

### 洞察

洞察是对现状和进步的具体而透明的观察。一个好的实践是把"洞察板"放在墙上固定的地方。这是团队成员进行有序工作的场所，也是利益相关者了解进展的地方。如果有人想知道情况，可以走到看板前询问背景信息，看板是基于视觉管理的。

像 VLB、T2L 和 KVI 这样的工具可以在这个洞察板上使用。

## 阶段

在几周或者几个月后，你会决定停止或者继续进行吗？我们要求团队在哪个阶段做出承诺？这是对是否可以继续的正式检视。在复杂的系统中，无法保证成功。有时，最好停止这种改进，然后再尝试完全不同的方法。同时，庆祝失败是个好习惯，因为该组织在尝试改进的过程中获得了很多经验。

TO-GRIP 由六个部分的首字母缩写组成。这样，敏捷领导者和敏捷团队都可以控制改进、战略要点或者重大变革。

让我们看一下该工具的具体示例，如表 4.8 所示。一家大型金融软件公司已经与敏捷公司合作了几年，他们正在通过添加软件自动化测试和自动化部署来实现一种更快的软件部署方式。但是，客户和用户抱怨新功能花的时间太长，并且新功能，不能满足期望，也不能很好地发挥作用。有几个人希望改善与真实用户的协作，他们想更多运用用户的反馈，还希望把进行更多协作的用户称为"种子用户"，因为他们必须先看到并使用新功能。

团队成员希望与种子用户一起启用新功能，等这些种子用户对功能感到满意后，再逐渐向更多的客户和用户发布。

表4.8 与用户共创实施的示例

| 类别 | 具体活动 |
| --- | --- |
|  团队 | 一些来自不同敏捷团队的人组成一个团队来实施改进。他们中的大多数人在与用户紧密合作方面已经获得了一些经验。经过头脑风暴，他们给自己起了"合作者"的名字。他们希望每个成员每周大约需要花4个小时来实施改进 |
|  所有者 | 产品经理是变革的领导者。他对这个话题真的很有激情，可以根据需要设定优先级顺序。他与开发经理紧密合作，开发经理是大多数敏捷团队的领导 |
|  目标 | 在合作伙伴和产品经理的第一次聚会中，他们集思广益，实现了切实的目标。T2L很快选定。通过查看新功能当前实现的情况，他们发现当前T2L在9到15个月之间。他们得出了现有T2L的趋势线。他们从用户的角度创建的口号是"不要我想要的，而要我需要的！" |
|  节奏 | 团队每两天开一次会。他们致力于敏捷团队提到的反馈和障碍。他们在一起的主要目的如下。<br>• 通过示例，教程和陷阱改进内部Wiki<br>• 分享成功和失败的故事（向他们学习）。他们准备与利益相关者的下一次审核会议<br>• 正式制定变更，让管理团队审批<br>他们每两周举行一次回顾会议，持续一个小时。重复这一愿景，向利益相关者通报所取得的进展并公开更大的障碍，基于共同的基础来解决这些问题 |
|  洞察 | 在中心位置，合作伙伴搭建一个大型物理看板，有一个不错的网络摄像头正对着它，可以远程开会。他们在"等待""第一步"，"首次成功"和"发起者"几个看板列中跟踪几个团队的进度。在这些列中，绘制了部门的17个敏捷团队以查看它们的位置。 |
|  阶段 | 期限设置为9个月。成功的定义是，在不到1个月的T2L中，至少有3个主要的新功能可以成功完成，其中"成功完成"表示用户满意度为8或更高，同时超过25%的用户正在使用新功能 |

www.tval.nl 还有其他具体示例。

借助于 TO-GRIP，敏捷领导者可以发起改进，用来催生敏捷的协作文化、知识共享、防止无用工以及边做边学。TO-GRIP 为更系统化的解决方案提供了具体的工具。这会产生一个健康的习惯——在为敏捷文化做出贡献的敏捷领导者的干预下进行重大的改进。只有这样，团队才能继续发展、合作并进行越来越多的计划。

## 如何衡量变化？

衡量变化重要吗？看到人们从工作中获得幸福感还不够吗？当然，幸福非常重要，但总有一个问题："我们如何做以及我们做成了什么？"由于微观管理和做错事情，有些人不愿意量化进度或者绩效。但是，当正确的事情变得透明而且人们具备适当的雄心时，可以持续带来聚焦，产生协同效应！可以使进度透明化并明确说明哪些干预有效以及哪些干预无效。最后，它能够说服仍有疑问甚至反对改变的利益相关者进行改进。但是，我们如何正确衡量变化呢？

如何衡量变化呢？看它对客户满意度甚至营业额的最终影响吗？但是，往往需要很长时间才能真正显现出来，而幸福感的增强呢？与它的关系也不是唯一的，而且常常是模糊的。难道衡量活动？例如花的时间、以不同方式部署的报告或者功能的数量，这些都是坑。

事实上，一种实际的方法是分为三个不同的类别：输出（完成的）、结果（实现的）和影响（成果）。衡量这三个目标既可以关注最终目标，也可以明确实现目标。让我们通过如下示例来说明，如表 4.9 所示。

表 4.9　与用户共创实施

| 类别 | 说明和指标示例 |
| --- | --- |
| 输出 | 衡量实际已更改的内容以及进行中的更改。只衡量活动的进行，尚未衡量变更的成功：<br>• 与至少一个客户进行协作的团队数量<br>• 至少每月提供给客户的团队数量<br>• 活跃的参与客户数量 |
| 结果 | 衡量改善的最初迹象：<br>• 对共创方法感到满意的客户数量<br>• 客户的平均满意度，分为非参与组和参与组<br>• 对社交媒体的（正面）影响（喜欢次数和转发次数等）<br>• T2L 的实际减少量 |
| 影响 | 衡量我们真正希望通过改进来实现的目标。对客户的影响和对公司的价值的结合体：<br>• 在新的或改进的产品和服务上获得的价值（营业额）<br>• 真正使用它的客户和用户的幸福度<br>• 因此而留下或加入的员工人数 |

## 如何应对变革的阻力？

尽管变革的方式不同，但肯定有人抵制变革。因为所有权模式下的团队和个人会提出问题并对领导者或者其他团队的想法、实践或方法提出疑虑。通常表现为"让我们先考虑一下"，因为这对他们的技艺和成熟度至关重要。如果没有这种自然抵抗变化的习惯，他们就会接受每一个新想法，并顺应当下的潮流。团队应该抵制解释错误的变化或者浅薄的（没有经过深思熟虑的）变化。成熟度高的团队需要有像样的批判性思维帽子才能正确地采用新技术或者新功能。没有它，他们将忽略后果或者长期影响。成熟度高的人不喜欢改变，但喜欢改进。因此，大多数阻力是对敏捷领导者行为的反馈。但是，农民不会怪自己的农作物没有成长或者不繁盛，他们会运用反馈来改进和提高自己的农艺，为农作物创造更好的环境。同理，成功的敏捷领导者也会利用这种抵抗力来提高自己的技能和方法。

> 成熟的团队讨厌改变，但喜欢改进。

但是，当阻力不可避免并且有不同的形式或者类别时，敏捷领导者如何能够突破阻力而成功发起变革呢？一个好的方法是了解不同的阻力类别并与团队讨论，由他们来认可。后者确实可以推动透明和坦诚等关键的文化属性。使用工具 TO-GRIP 来解决以下许多类别的阻力，但仍然需要很好地了解和识别阻力的不同形式。

## 重要的阻力类别

- 为什么？团队需要知道原因。目标是什么？目的是什么？在与非正式领导者的共创中，必须明确这一点，使变化不仅仅是变化，而是事实上的改进。同样，敏捷领导者需要团队抵制任何解释不当的变化。这有利于激励领导者改进和停止错误的想法并更好地解释改进及其可能带来的收益。

- 紧迫性。艰难的改进也需要有紧迫感。如果改进没有实现，肯定会（可能）出现问题，错过切实的机会，例如员工离职、客户抱怨或者错过新的生意。这对艰难的改进尤其重要：在获得收益之前，需要付出大量的努力和投入。这可能基于一些实际的事情，比如修复错误或者解决长期的问题以及改变习惯或者协作等。通常，这种抵制并不明确。人们和团队都喜欢这一改进，但几周后，一切并没有真正改变。问到原因，人们喜欢改进并愿意花时间，但事后并没有发生什么真正的改进。因此，这种阻力不在于个人，也不在于团队，而在于系统。通常，无论是确定明确的优先级，还是支持团队真正花时间进行改进，这些都有助于克服系统层面的阻力。

- 方式。根据团队的成熟度来明确方式。成熟度较低的团队比成熟度高的团队需要更多细节。这种阻力的来源各不相同,人们可以抗拒指示或者方法。领导者,似乎会抗拒全部,但实际上他们只是抗拒其中几个部分而已,其他人则可能抗拒变化,因为对未知充满了恐惧。提供有关更改外观和后果的更多细节,通常可以消除对未知的恐惧。在与不同团队进行沟通时,成功的领导者会将自己的故事纳入其中,他们可以在提供细节和示例时找到平衡,不干预更成熟的团队。最好有几个非正式领导者提供有关的示例。

- 强制。这是最困难的一种类别。这些人和团队抵制改进,因为他们觉得自己是被迫的。他们可能看得到好处、紧迫性以及方法,但就是不想改,因为这是强制性的。抵制可能基于自负,或是因为他们的成熟度不足以使其拥有足够的自由。对敏捷领导者来说,很难确定是两者中的哪一种原因,因为人们与团队的行为是相同的。非正式领导者由于自负而表现出抵抗,这当然不好。敏捷领导者通常应该非常严格,有时对这些非正式领导者甚至也要苛刻,他们的自负不应该比团队整体的利益和福祉更重要。但是,当敏捷领导者做出错误判断并对好心的非正式领导者采取苛刻的态度时,透明度、信任和开放性很可能会丧失殆尽。另外,当敏捷领导者不苛刻并且不公开批评非正式领导者时,团体利益、共享和帮助的文化也将枯竭。在做出决定之前,要真正了解非正式领导者,可以选择来一次真诚的交谈,这是一个很实用的技巧。

- 变革疲劳。最后两类针对的是对敏捷领导者的态度和沟通反馈。表现出抵制态度的团队和人员通常仍然在努力收获以前的改进成果,并且目前还不希望进行其他改进。他们知道为什么改进、如何改进以及改进的紧迫性，但其他改进仍在继续，成功的敏捷领导者不会开始进行大量的个人改进。相反，他们会指出改进的"旅程"和节点，让团队和个人决定到达节点所需的速度和顺序。作为学习旅程的试验者，团队过早就看到了总体故事和目标。

- 恐惧。害怕未知是一种自然的情感。担心即将发生的变化，通常是因为不清楚由此而来的影响。可能担心失业、无法实现变革、技能不足、无法担任新的职务或者与不认识或不喜欢的人一起工作。可能存在种种恐惧，但通常是因为他们不相信变革能够取得成功，或者他们可能怀疑敏捷领导者的变革动机。财务部负责人只是对自己不知道的事情和对自己不喜欢的事情进行必要的彻底改变，以此来克服部门内部的恐惧。但他表示有信心合力推动变革取得成功。他的历史和最新成果证明，他有能力领导对未知感到恐惧的组织走向成功。

要解决阻力，一个切实可行的方法是，首先接受人们的抵制，这是至关重要的，因为这也会导致随后而来的稳定状态。当人们看到新的工作方式的价值时，开始降低阻力，逐步成为变革的推动者，甚至成为捍卫者，抵制那些提出放弃的人。

敏捷领导者的角色是利用变革团队的能量并为他们提供足够的系统性安排，使其可以在组织的其余部分实现变革。实用工具 TO-GRIP 可以通过放权给变革团队以及通过明确的目标、强大的节奏、透明的洞察力和清晰的评估来支持敏捷领导者。TO-GRIP 工具的这些要素将帮助敏捷领导者创建成功且强大的敏捷文化，进行持续的学习和改进。

# 小结

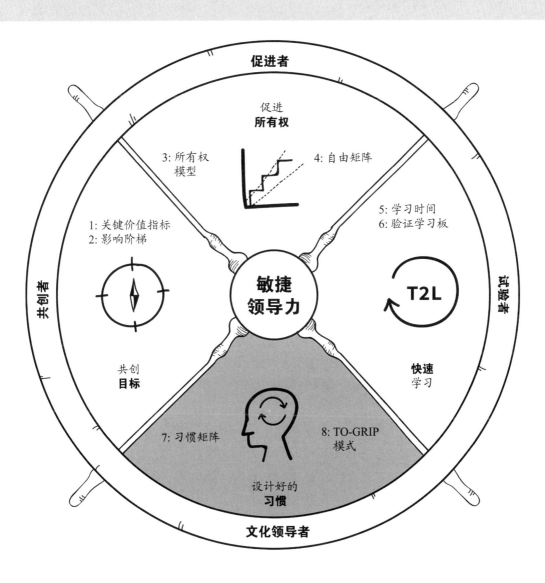

敏捷领导者在日常工作中为团队提供许多自由、空间、信任和灵感，好让他们做出好的产品和服务来提升他们对客户的影响。他们转向后台，既可以感觉到团队的需要，又不至于干扰团队的日常工作。如果目标鼓舞人心，如果团队拥有所有权，而 T2L 较短，敏捷领导者就可以专注于文化。他可以对文化进行修整和改进，为自管理敏捷团队茁壮成长创造一个越来越合适的环境。

文化遵循结构（拉曼法则），因此，不断改进 KVI、所有权模型和 T2L 等对文化至关重要。但是，还需要设计更好的习惯，并且能够影响非正式领导者。除了不断改善结构，还可以通过以下四个步骤来改善基本习惯和非正式领导者。

1. 定位目标改进点。

2. 与少数人一起，对促成现有文化的习惯进行头脑风暴。

3. 发现新的好习惯，用来实现预期的改进。

4. 通过调整符号（报告、概述和列表）并引导非正式领导人（英雄）展现正确的行为来锁定改进。

通过不断小步改变（而不是大动作），创造病毒式的改变来推动文化转变。成功的敏捷领导者洞若观火，能识别出组织中的习惯和影响者，因为他们知道如何借力来不断改善环境。

习惯是影响和改变文化的重要途径。习惯是员工和团队在某种情况下触发的行为，这种行为因为在短期内得到回报而成为常态。可以对此，可以先找出不良和不健康的习惯。坏习惯具有长期影响，会破坏敏捷文化。要解决这些不良的习惯，不是禁止它们或者强制改变行为，而是在短期内奖励新的行为。结果，不良习惯的负面长期影响就会被新的好习惯正面的长期影响所代替，从而营造一个更好的文化。习惯矩阵有助于识别不良习惯，并用好的习惯去代替它们。敏捷领导者的第 7 种工具可以描述习惯、触发因素或者暗示、短期激励以及长期后果。使用习惯矩阵，运用头脑风暴来发现确实有助于形成敏捷文化的新习惯。

随着习惯的不断改善，敏捷领导者必须专注于符号和英雄。英雄是团队的非正式影响者，这些符号包括报告、概述和奖金。通过将符号和英雄与所需要的敏捷文化联系起来，对新的文化进行实际上的巩固。

最后重要的是，涉及多个团队的改进和战略性主题也是敏捷文化的一部分。TO-GRIP 由 6 个部分组成，能够帮助敏捷领导者以建设性的方式实施改进和战略。借助该工具包中的第 8 种工具，敏捷领导者可以激发团队之间的团队合作文化、提高客户影响力并迅速从用户的反馈中进行学习。

## 敏捷领导者作为文化领导者

如果困难重重，压力很大，敏捷领导者捍卫文化就显得尤为重要。因为如果在压力下不能实现对良好行为的短期激励，就会破坏到协作、长期投入和相互学习，使不良习惯迅速滋生，精心构建并且代价高昂的敏捷文化随时可能会崩塌。敏捷领导者意识到这些后，要身先士卒，大胆带领团队渡过困难时期，并继续恢复和改善文化，使自己成为真正的领导者。

## 具体问题

第 4 章中的工具、示例和思想在实践过程中存在以下问题。

1. 在哪种情况下很难成为领导者？
2. 要想保持领导地位，需要养成什么样的习惯？
3. 谁会激励你和鼓励你？谁会成为你的动力帮助你度过难关？

## 学习笔记

# 结语

现在,您已经读完了本书,让我们来重新审视主题以及为什么需要新的工具箱。这将有助于你使用这些工具并有效地建立基本思路。

## 为什么要用新的工具箱?

我们周围的世界变化越来越快。正如科特所说:"企业领导者今天面临的最大挑战是如何在持续动荡和混乱中保持竞争力。"[①]新技术、新的市场机会和新的竞争者出乎意料且不可预测。这就是敏捷和与敏捷团队合作越来越受欢迎的原因。因此,需要一种新的领导方式,敏捷领导者以全新的方式领导团队。敏捷领导者之所以能够领先,是因为他们恰好创造了一个促进自管理团队成长和发展的环境。在这种环境中,团队可以自己优化流程,提高自身效率和效能,并且负责日常的各个决策来实现自管理。团队组织自己的工作,具备完成工作的所有技能。这些团队本身就是敏捷的,因为他们可以快速响应新技术、来自竞争对手的威胁以及客户不断变化的期望。他们不必等待正式审批、管理决策或者自上而下的战略变更。因为与客户和用户之间的反馈周期很短,所以他们可以不断尝试新想法、改善产品和服务并与其他自管理团队保持对齐。

---

① https://hbr.org/2012/11/accelerate

敏捷领导者就是这种环境的架构师，他承担着为自己员工和团队营造这种环境的责任。当团队没有茁壮成长、出现问题或者客户不满意时，新式领导者不会因为做错了事情而惩罚员工。相反，他会把这样的问题作为镜子来审视自己所创建的环境。敏捷领导者向员工寻求帮助，寻求改进并参与共同改变和改善环境。

## 敏捷领导力工具箱

敏捷领导者为敏捷团队的成长提供了一个鼓舞人心的环境。但是，如何营造这样一个引人入胜的环境？这不仅需要一种新的心态，还需要许多新的技能。他们必须忘却旧技能，学习新技能。他们会在领先的启发性环境中成为大师，因为他们会经常练习，就像厨师不会通过读书来成为厨师一样，后者是通过用刀和烤箱等工具准备几千顿餐才成为厨师的。为了帮助敏捷领导者，这本书提供了实用的工具、度量标准和示例，读者可以立即付诸实践并在整个过程中不断发展，从实际中进行学习。

## 从哪儿开始

本书介绍的工具分为四个部分。如本书开头所提到的，这些工具可以独立使用，没有严格的要求。为了描述本书中的工具，我采用了自上而下的方法。从目标开始，到拥有所有权，向客户学习，最后但同样重要的一点是，要在文化上持续发力。

管理者从所有权模型（工具 3）开始。其他人先用 T2L 指标（工具 5）。

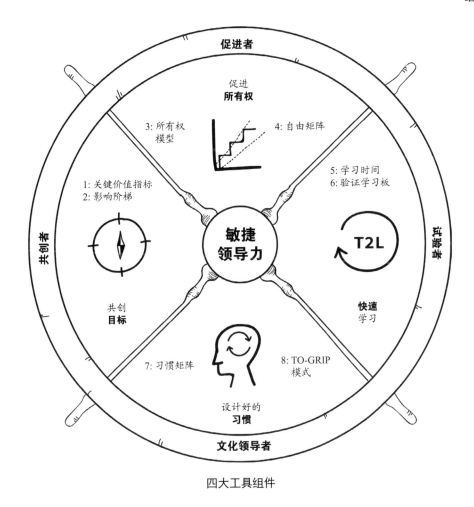

四大工具组件

我建议根据组织内的直接痛点或者挫败感来确定起点。让我们仔细看看常见的难题并确定最实用的工具。

- **团队动力不足**。如果团队很被动，有人要离职或者管理者觉得他们得不断推动团队来做更多的事情，最好从所有权模型（工具5）和自由矩阵（工具4）开始。另外，与团队的几位代表举办一个开放的工作坊，探讨什么是所有权以及所有权是怎么消失的。①

---

① 中文编注：建议进一步阅读《敏捷文化》，扫码可以收听部分内容及读后心得和体会。

- **缺乏重点**。如果有太多重要的事情或者优先级不断变化,最好引入 KVI(工具 1),KVI 着眼于客户以及为组织带来价值。

- **质量差**。客户是否抱怨产品或者服务的质量?团队是在忽略这些质量问题还是不知道如何解决?如果是这样,最好使用验证学习板(工具 6)来跟踪 BUG 和投诉是否减少。这通常可以在组织中树立一种信念,表明他们可以解决问题并且实际上可以提高质量。接下来,验证学习板会给高频用户一点信心,即实际上已经在结构层面解决了问题。下一个工具可能是所有权模型(工具 5);问团队他们需要什么来实现高质量交付并为感到自豪。

- **人才离职**。很难留住人才或者招募人才吗?有两种工具可以帮助这样的解决问题:所有权模型(工具 3)和习惯矩阵(工具 7)。大多数有才华的人是自主驱动的,他们有能力提升个人的技能。所有权模型表明,自主过多和过少,都会导致人离职。[1] 习惯矩阵可以用于推动学习型文化。

- **缺乏客户关注**。如果员工只专注于自己的工作而不顾及客户,那么使用 T2L 指标(工具 5)就是一个很好的开始。减少组织中的客户学习延迟对以客户为中心至关重要。当员工需要几个月的时间才能从客户的角度获得工作反馈时,几乎不可能做到以客户为中心。从研讨会开始,可视化当前的 T2L 并集思广益,最大限度地缩短 T2L,这是一种有见地和充满活力的开始方式。可以使用该反馈和 TO-GRIP 模型(工具 8)向前迈出踏实的一步。

---

[1] Daniel Pink,"The surprising truth about what motivates people." https://www.youtube.com/ watch?v=u6XAPnuFjJc

## 复杂环境

敏捷团队需要面对很复杂的环境。对于这群特定的人来说，这是前所未有的，成功所需要的条件无法预先分析或者从其他组织那里复制，这是团队目前面对的独特环境。一段时间后，由于各种原因，面临的环境可能有所不同，例如公司工作人员变动、团队成长、新的技术和新的市场情况。不断改善环境，尤其是基础文化，需要敏捷领导者持续关注，不是因为他很聪明，可以监督一切，而是因为他能够知人善任博采众长。不是因为他建立在以往的成功之上，而是因为他勇于公开坦诚地寻求帮助。

## 结构与文化

通过改善结构（如会议、指标、任务和概述等）和改善文化（如习惯和英雄等），敏捷领导者可以不断改善环境。例如，如果他想改善这种以客户为中心的文化，那么改进 T2L 通常是很好的起点，因为它可以为团队提供来自实际用户的快速反馈。有形的 KVI 支持以客户为中心。而且，对习惯和英雄洞若观火，是树立以客户为中心的组织文化的关键。本书介绍的工具可以支持敏捷领导者不断改善环境，无论是有形的还是无形的。

## 构想、行动和学习

这个工具箱中每个工具的实现都很复杂，无法预先分析出工具的最终使用效果。构想工具的第一个版本，体验工具在现实生活中的工作方式以及不断学习，是使用得到每个工具要好版本的唯一方法。获得对该工具的真实反馈对改善环境至关重要。这要求敏捷领导者在使用不同的工具时要对敏捷团队坦诚并虚心接受批评。领导者必须开诚布公，承认自己不知道所有事实，也不知道所有的答案，而且要坦诚表现出自己的激情和不断改进的动力，要求其他人也同样诚实，说出自己的想法和感受。

TO-GRIP 可以用于许多方面，从改进营销活动到提高产品质量。本书中的任何其他工具也可以这样。组织一群人来支持和推动变革，来帮助敏捷领导者。让一些人对变化的真实方向给出诚实的反馈并以稳定的节奏集思广益，这是一种持续改善环境的有效方法，一次前进一小步。

## 寻找同伴

我们希望在世界各地的不同地方创建一个使用这些工具的本地社区。请通过网站 www.tval.nl 与我联系，一起来启动或者加入本地社区。我想建一个社区，供敏捷领导者互相学习和分享发现、错误、挑战和成功。

面对自管理团队，在成为更好的敏捷领导者过程中，帮助团队得以成长，你会感到很开心的！